擱淺在
日子上的傷，

不用
急著好起來

20個人生關鍵字，窺見20道躲在日常中的傷痕，
一本供你我安放傷口的療癒之書。

城旭遠——著

contents

推薦序

好故事的氣味，要用啜飲提煉

心靈作家 柚子甜

初讀《擱淺在日子上的傷，不用急著好起來》，和文字打個照面，浮光掠影地看了若干，第一印象是本小書，好像有點意思，但匆匆翻過沒落下什麼痕跡。

第二次翻閱，是在安靜的地方，端著閒情雅致再打開一次。這次沒有因為文字的清爽而貪快，而是像品茗一樣細讀，一口一口去啜出字裡行間的味道，入口一股幽微的清香。那一刻我開始懷疑，之前閱讀沒什麼印象，到底是哪裡出了問題，然而轉個念就明白了——當時的我匆匆忙忙，只想用抓重點的方式撈個大概，就像以前念書一樣知道在說什麼就好。然而入口的方式不對，品不出這本書的精髓，因為它的「重點」不是關鍵字、不是金句，而是化在整篇文章裡調勻了，只能嗅聞到、感覺到、甚至被相似的記憶共鳴到。

品書如品茶，輕啜入口，鼻腔咽喉都能浸潤到稍縱即逝的香氣；而若牛飲，喝下去則如同白開水，毫釐差異，操之在心。

喜歡這本書談到〈重生〉。主人翁中年失業，嘗盡世道艱難，卻在毫無奇蹟的人生中，重新站回讓他狠狠跌跤的地方，不是來復仇，而是在低調的小食堂，端上一碗熱騰騰的白飯給遊子，一份名為「荊棘之花」的筊白筍肉串，以專注與真心，暖每一顆可能正在艱難的心和胃，以及一個個過去的他。

閱畢那刻，你感受到的不是捲土重來的澎湃、創業成功的激昂，相對的，你會跟主人翁一樣，意識到那一點都不重要。人生真正的難得，是在經歷過苦難後，仍願意選擇善良，而將那樣的善良，透過微小的事，去暖更多人的心。

若你能拿起這本書，希望你勻出一點時間，安靜下來，用品茶的心，啜出屬於自己的滋味。

推薦序

撒網的人

臨床心理師 劉仲彬

我很喜歡看故事。一個好故事，會送讀者一副眼鏡，讓他看見主角眼中的世界，這是同理的養成技巧，也是說書勝過說教的原因。畢竟聽道理，只能認識一種信念，但看故事，卻能走進一片曠野。

因此，本書沒有任何開箱門檻，只要喜歡看故事就行。書中的二十則故事，是各自定錨的座標，也是用來勾勒生命的節點。每個節點都是一道關卡，讀者跟隨主角們橫越青春，浮沉情海，學習如何道別，然後帶著傷痕往下一關嫁接。通關之後，步伐連點成線，人生的輪廓於焉浮現。

二十個主角，有人在晚年失憶，有人為同性戀情所苦，有人用笑容和憂鬱搏鬥，有在人際困境中退守。上述群像倘若發生在心理會談室，我可能會以診斷準則分析臨床症狀，從情緒反應推敲行為動機，再與背景情節交互穿插，然後寫出一篇用故事包裝的臨床觀察實錄。

但對作者而言，寫故事並非包裝工程，而是撒網作業。有些故事被人類創造出來，有些則是被時間留下來，作者仿如漁夫，對世界撒出一面網，他在激流中仔細觀望，在對話裡耐心收攏，最終能留在網中的，自然彌足珍貴。

這些珍貴的故事，可能會讓我們想起當年逃課的矮牆、決裂至今的死黨、身不由己的選項、無法癒合的情傷，以及某些被淡忘的時光。它們串連了際遇的起承轉合，即便旁觀也能共感，因為一個好故事，總是能被拿來對照自己的歷史。

當然，有些故事的發展未必圓滿，但透過作者的安排，總能讓篇章結尾顯得溫暖。故事可以是預警，也可以是指引，儘管世道險峻，我們仍舊有機會活得像自己，因為書寫歷史的筆，終究操之在己。

01

成長

成長，是一段受傷的旅程。過程很痛，很辛苦。但你一定要記得時時感謝自己的堅持，因為到頭來你會明白，自己的時間沒白費、青春這條路既沒耽誤，也沒走偏。

二十年前和賢州唸同一所小學。印象中的他，戴著細框眼鏡有著厚重的鏡片，書包沉沉地塞滿各科參考書和課本。賢州成績好，時常出現在公布欄英雄榜中，尤其他的數學特別好，月考前的模擬考試屢拿滿分，僅偶爾幾次未滿分但依舊名列前茅；他集結所有好學生元素於一身，羨煞了不少同學。

其實，我和賢州不同班也不同年級，不過幾次老師安排的節慶團康活動中被分配在同組，久而久之成為有話聊的朋友。有次，我問他成績好的祕訣是什麼？他不假思索地說「學校認真上課、補習班專心學習、回家耐心複習」。

當時我天真地追問，在學校已經夠認真上課了，到補習班還要專心學習，學到的不都大同小異嗎？他笑我笨，說我會問這個問題，就知道在學校沒有認真上課。「在我們學校許多老師是簡單帶過教課書上的內容，沒深入解說同學也沒發問，學習不夠靈敏的人可想而知學習程度只有略懂；既然似懂非懂又如何融會貫通、學以致用考出好成績？」當時我真心認為他說教的功力，與學校班導相較下絲毫不遜色。

某次月考結束，我拿到數學、英文、社會考卷，將上頭成績加總竟與他一張數學考卷分數相近。那次我問他，每每考試眾科目沒有一科在九十分以下，既然有那麼好的成績，回到家中會有任何禮物嗎？他說有禮物，只不過他的四驅車已堆滿玩具箱、軌道也搭兩座了，那些禮物他坐著玩、趴著玩，越玩越孤單、越玩越唏噓。

賢州畢業後認真精神沒改，求學這條道路上走得順遂，如願考進目標的高中及大學，接著當兵、進入職場；早熟的他讓自己更加成熟。

通常上班族要休長假旅行得看同事老闆臉色、擔憂存款歸零害怕與職場脫節格格不入、一想起績效驗收就把出發的勇氣收拾得乾淨利落。然而，上述種種擔憂在他眼裡連空氣都不如，他慶幸自己求學時期撐過那段「為你好」的日子；平均一年出國兩次的他，學會找到生活自主權。

∅

身為職業級背包客，賢州去過二十三個國家；以他的旅行經驗覺得只要肯節儉花費，在國外一個月天天玩差不多五萬，如果以「花錢」的立場探討，在臺灣過日子一個月也差不多五萬，畢竟臺灣物價沒多低；對他而言不管在哪個國家，睜開眼就是花錢。至於職場脫節對他來說，兩三個月沒上班不足以推翻過去的專業，既然如此不如趁年輕體力好的時候，到世界各地留下足跡，探討這世界有多大、有多少有趣的文化。

其中，賢州特別鍾愛印度，他興致勃勃說：「我們的認可是點頭，但他們是一顆頭左右搖擺。」他直言雖然印度和其他國家相較下沒那麼好玩，環境又髒亂，人潮更是擁擠不堪，大批乘客攀附車體搭乘是正常現象，不過他能深深感受到極大的「純真」。他說印度最有趣的地方，就是不論你走到哪，看到得都是笑臉迎人的印度人，但是這個笑容卻感受不到一絲虛偽。雖然偶爾見到大街上人與人互動是以吵架代替溝通，有時還會激烈到打起來，但打完後，又若無其事並肩揚長而去。

而最令我欽佩的是，賢州不會說印度話，而我們又知道印度人的英文口音重，導致經常雞同鴨講。他說他想吃玉米餅買到小麥餅，口感滋味差得遠；吃喝拉撒睡都得比手畫腳，住的旅社連門都沒有，但他仍樂此不疲，他跟我說：「哪怕客死他鄉，也是種情懷。」光這番勇氣無敵的話，就值得我花時間好好向他討教一番了。

其實，賢州會如此瀟灑遨遊四方，不是沒有原因。

從小他的父母忙爭執、忙計較任何事件是非對錯，就是不忙關注他留心於他。父母離異後他隨忙碌的父親共同生活，大人煩惱源自睜開眼起每分每秒都要花錢，而他的煩惱源自睜開眼每分每秒沒人陪；大人不懂關心孩子，每逢他發牢騷希望得到陪伴，父親就塞錢要他自己想辦法。

賢州說從小他父親給的教育是獎勵機制：上學全勤加零用錢花、月考高分買遊戲機給他、期末考表現優異送整組海賊王公仔、成績前五名能換最新款手機。父親給得出所有獎勵卻給不出絲毫快樂，倘若這些都是愛，那麼確實愛到滿溢，多到足以令他獨自玩這輩子。

實際上，父親壓根不知賢州為了考高分在補習班耗去多少精力，返家後做考古題到凌晨兩點，為全勤六點起床也不曾喊過一聲苦，為前五名推辭數不清的同學邀約……，賢州把自己撐在學業最巔峰，只盼父親多看一眼、多關心一點，哪怕只是陪他吃頓飯、問一句「課業累不累？」但事與願違，久而久之，他便明白大人世界不像他所想的簡單。

賢州自認活到這階段懂的已經夠多了，所以別再教他如何愛人，因為他從沒見過愛，講那些大道理，對他來說簡直杯水車薪起不了作用。在他心裡「覺得如果沒有對未來抱持希望，就不會三番二次失望透心」——他嘿嘿地笑、面帶戲謔意味這麼說。

他不喜歡婚姻，人們因相愛而一起，卻因相識而分離。
他不喜歡討好，把自己分內事做好不就好了？成天阿諛諂媚沒個性。
他不喜歡許願，未來都不曉得該如何走，更不知未來去向何必期盼。
他不喜歡規劃，計劃好的事隨時可能崩盤，耗苦心只是徒勞白做工。
他不喜歡社交，和不熟識的人恭維，令他連汗毛都溢出唾棄汗水。

他喜歡當背包客，到異鄉打工換宿換伙食，毋須考量面子問題。
他喜歡當流浪者，在漂泊時候他感到真自由。
他喜歡一個人，因為可以什麼話都不必說，只需專注於自己。

賢州討厭的多喜歡的少。他把自己想得堅強、過得堅強，只為了不想再留在沒人把他放在心上的家中。雖然歷經孤獨的成長過程、受過失落視而不見，但在歲月冷落後，他終究親手撿回了自己。

∅

二〇二〇年全球旅遊被迫停止，想當然賢州也不例外，正當他苦無去所時，友人邀他一同參觀中途之家認養毛小孩。他心想既然休假無處可去，喜愛動物的他去趟中途之家陪伴毛小孩當紓壓，也無妨。

實地造訪一趟中途之家後，賢州似乎找到另一種寄放愛的方式。從小就愛狗的他開始時時關注哪些流浪動物機構缺乏資源，無意間得知「張媽媽流浪動物之家」因收容許多流浪狗，正苦惱空間和翻修維護問題，於是，他二話不說投身「毛小孩不孤單」活動。

他揮汗如雨替流浪狗拆舊屋建新屋，雙腳滿是狗糞在木屋鐵網間爬上爬下進出數次，手上戴的白色麻手套都磨破，仍樂此不疲。愛雖不能當飯吃，可是沒愛卻會給人頹喪感，如今賢州落下的每一滴汗水，都有愛的成分。

賢州重建思維中愛的方式，只有他自己懂。原來，從前他得不到的關愛，都能轉換成他貢獻社會的責任；原來，他自癒後能讓風將孤獨吹散；原來，先天不足的愛與快樂，在自己有能力且還有絲毫憧憬時，能一點一滴回饋到自己重視的任何角落。

世上沒有那麼多道門上鎖，勇於爭取就能看見不同的美，
哪怕缺陷也別有一番風情。
有些事不適合就毋需勉強，越是用力往銅牆鐵壁裡鑽，
結果可能越糟糕。

如果心裡壓抑不住想自由的衝動，就暫且自由也挺好的。
先滿足心裡那部分的任性，才能和自己平衡，
正軌也才會逐漸回到自己身上；
脫韁野馬過度自由，那麼自律將是最大的解脫。

仔細想想，有的人在出生時，就被父母植入一條無形的公式至體內，但這條公式卻是缺少符號或函數的成長過程；對某些父母來說成長過程不需要道理，更不用講求邏輯。也許，當父母的心並非人人懂，不過一味追求齊頭式的平等教育、要孩子超前準備未來戰鬥力，不見得適合每個孩子；有些孩子接收過來吸收進去的全是極高壓資訊：那些「為你好」的教育模式，少了童年最珍貴的快樂與天真。

誰不期盼被重視、誰不渴望被理解被深愛，孩子稚嫩心裡想的更是如此。

人生好壞各半都是滋味，父母生育辛勞是不爭事實，有時適度放過自己，卸下內心癥結點會快活得多。過去的往事歷歷在目，那是歷史無法抹滅，但新的人生故事，卻能親手創建。

人們都曉得有時旅行圖的不是享受，而是獲得暫時逃避現況的自處，如此一來才能以清爽姿態重返正規的生活。適度與熟悉環境斷捨、在旅途中遇見逆境都是各別樂趣。其實，眾人既定的自由，無非是不被框架拘泥，論言語、論行動、論心靈都是如此。

人生道路難免被挫折打得坑坑疤疤，有時轉換步調稍微修改理念並非壞事：面對失敗要有毅然決然站起的勇氣、別讓自己受惡意委屈要有吭聲的勇氣、感覺機會就在眼前就要有伸手爭取的勇氣，最重要的，要有敢夢敢衝敢執行的勇氣。

當你對這世界感到失望的時候，不如嘗試讓自己變得溫暖些。生命的時間有限，要是沒在熱頭上著手規劃心頭想做的事，或許某天動也不能動時，只剩後悔相伴了。回憶起賢州過去受到的冷落寂寞，希望已逐漸由他體內褪去，塵封在當時的心境。

一個人成長路上會被無數黑暗面糾纏，只能盡可能讓明亮滲入其中逼退黑暗。當你走到另一端終究會明白，原來黑暗的盡頭是光明的起頭，深信你能尋到自己明亮的源頭。或許你該時時感謝自己的堅持，因為到頭來你會明白，自己的時間沒白費、青春這條路沒耽誤沒走偏。

02

夢想

逐夢的這條路，肯定是傷痕累累，所以即便到頭來是一場空，也無妨。或許，有了生活的樣子，什麼時候談理想都可以。認清事實比逃避現實迷人多了，真的。

對許多人來說，日子是一面安慰自己一面過的，本來想著撐一下就好了，誰知道撐過一場地獄，還有另一道深淵；撐到總算懂事以後，才明白以前闊談的未來往往是對折呈現。

然而，不甘安逸的人懷抱著夢想，替自己預設目標往前走，走太慢就死命衝；阿年就是死命衝的性格，不怕遍體鱗傷，就怕自己不能發光。

大概是老天爺給了阿年的勇氣，為了夢想他可以在百貨公司當臨時站櫃員。不是銷售員，而是站在手扶梯口、露出白皙陽光笑容，引導客人往櫃位走的站櫃員；不負責銷售，也不必銷售，領時薪的工作模式，上班是尖峰時段，過尖峰時段就下班。總之，那份工作賺不到什麼錢。

他也接外送單，機動性高沒時間的束縛，管它外頭刮風下雨、管它外頭太陽狠毒，一旦有單有空就出動，就為圓一個「演員夢」。

家人總說他空笑夢，淨想些虛華浮雲飄渺的事，正正當當穩定工作不做，偏愛挑些難走路去折磨自己，要不是他還年輕，否則早就打醒他的巨星夢。

然而，在我看來與其說阿年在圓巨星夢，不如說他是製造能在世上留下痕跡的機會。他曾說：「人會死，影像會留下啊，錄下的那一刻就是歷史。哪天我老了我走了，影像會替我告訴所有人，我真的來過這世界。」多藝術的性格、多浪漫的思維，在二十五歲的耀眼年紀，懷抱一片晴朗理想。

不是相關科系，沒有加入經紀公司情況下，連舞台劇的路人丙都輪不到他演。阿年透過各種社團尋求試鏡機會，看見了資訊絕不輕言放過。好在，上天不會對努力的人太壞，幾百場試鏡還是有幾次拍攝機會，可是試鏡上的九成以上沒露臉，幸運露臉拍攝的又在正式曝光被全剪掉。即便無望沮喪，他仍說服自己坦然接受，虛心尋找更多機會，試圖證明自己在演員這條路，不只是過客，如此簡單。

說真的，我非常佩服他的毅力。整個月忙碌奔波，薪資東拼西湊不過也才兩萬五，孝親費給了，房租繳了，電話費付了，油錢預留了，必要支出扣了，一個月生活費餘額剩兩千。餐餐吃白飯淋上醬油裹腹，鹹口味吃膩，改吃白吐司塗果醬打發一餐，運氣好有拍攝就吃便當。對阿年來說，吃飯這動作純粹是為了活下去，沒有一絲享受空間，反正也不挑食，有什麼吃什麼，餓不死有體力能活下去就好。

Ø

然而，再怎麼熱血追夢的人，終究也是會被挫敗打到痛醒的。

一個熱鬧節日將至，打工的櫃位辦活動，需要人手到百貨外發傳單，他捧著大疊廣告傳單、揹著塞滿試用品的購物袋，在人來人往的徒步區擠出笑容；他的手沒停過，笑容也沒掉過。正當他賣力遞出一次次傳單試用品，耳畔傳來熟悉的廣告台詞，抬頭面向偌大廣告牆，播放的是他上個月試鏡的品牌。上個月他試鏡超過二十次，唯獨這個品牌通知他有複試機會，工作人員還稱讚他演得好，表現得真不錯。

他以為見到一絲曙光，殊不知想接到正式拍攝通知的滿懷期待，全成空。當下他喉嚨是啞的，笑容也褪了；可惜他的曙光跨不過黑暗，留在不明處奄奄一息。事實攤眼前，在繁榮都市搶生存機會，不只要扎實的意志力，連灰心都要逼自己不在意。

千萬個不確定的日子裡，只要輕推一下足以摺倒滿心渴望。二十八歲那年父親節，阿年如往常返鄉過節，一家人三個人，年復一年坐一桌吃飯，和過去沒多大不同，唯一不同的是爸媽頭上多幾絲風霜，話少了食欲低了。全家人安安靜靜地吃，電視機聲音顯得格外吵雜，那頓飯配最多的是沉默。他們早早吃完，爸媽也早早回房休息。

應是夜半寧靜時刻，屋內卻傳來媽媽淒厲呼喊：是爸爸暈眩應聲倒地、意識不清。他和媽媽趕緊送爸爸去醫院，所幸把握搶救時間，沒讓中風病症拖太久救回一命，但心疼是爾後爸爸無法順利行動，語言能力同時出現障礙。阿年俯身病榻前，看爸爸靜養睡去模樣，意識到爸媽真的老了。

「小時候你多皮、成績多差，爸爸哪一次責備過你。現在你長大了，你關心過他嗎？就一定要當演員都不回家嗎？」媽媽揪著阿年到病房外，向他這麼說。

他才曉得自己多不孝，一味追尋理想過程有多自私。他對自己失望透頂，難過得要命，真的難過死了，認為自己沒用極了，要是再不改變，他不知道還會失去哪些東西。他明白是時候改變了，改成他不那麼自責的樣子，改成能見到爸媽笑容的樣子。

決意返鄉那天，阿年打包完行李，狹小套房突然多了一些空間，他坐在冰涼地板上獨自喝啤酒、滑手機、看著過去上鏡頭的一張張照片，他不禁想起這些年的堅持，如今真的要放手了。想起真不甘，想著想著忍不住落淚，哭得越兇喝得越多，喝醉徹夜在 Instagram 上感嘆發文。

「無奈這座城市繁榮得讓我活得像孤島。畢業後這些年，我不斷追理想，不停找機會，滿腦子想的都是成功；盲從於別人生活的精采萬分，以為積極往理想鑽進去肯定是正確方向，然而當起床第一通電話打來，不是問候而是催繳，我還要繼續躺在夢想裡嗎？

我試圖為了想過的生活，掙扎、努力，但只看見爸爸倒了，卻看不見自己的未來。要是繼續盲目揮霍青春，不僅無法看到爸媽開心的臉，似乎生命的意義也完全失焦，一點意義也沒有；這不是我要的。

雖然，我不想要生命如船過水無痕，但也不願未來像一則則迭變貼文，輕點擊一下，頭也不回、手也不停就輕易滑過生活。但，我已經證明自己真的筋疲力盡過，那就真的足夠了。」

那篇貼文發出去後，得到不少朋友共鳴，好多人留言鼓勵他，要他知道好多人都與他相同，要他放寬心好好過日子。家人才是遊子的歸屬，有了生活的樣子什麼時候談理想都可以。

他笑說自己喝醉時候，表達出的一字一句比較迷人，我也這麼覺得，認清事實比逃避現實迷人多了，真的。

∅

雖說現實確實頗殘酷，返鄉討生活原本不在阿年規劃內，可是他覺得現在即便沒很好，但也差不到哪裡去；一份沒那麼真切熱衷的工作，為生活仍然能做得下去。他意識到有人在的家才是家，而家的味道，還是老的好，平平淡淡簡單過一生，阿年試著讓好日子發生。

回家鄉後沒多久阿年找到一份業務工作，時間彈性、可以跑來跑去，能多交朋友對他來說還算有趣。反觀以前，好幾次在大城市和理想拼搏，用身體去撞得半死不活，一點成就感也沒有，一點快樂都不存在；幾度在卑躬屈膝前，咬了牙握了拳，就為了那場夢得到、得不到的夢想。

從前他假裝自己和大城市融為一體，以為毫無違和感，誰知道最後顯得狼狽、突兀得要命。他在意成就，在意別人打在他身上的每一分，彷彿在別人眼中東加西減，就能等於自己的模樣。放下大城市生活前，他確實不甘願，不甘辛苦堅持那幾年就這麼白白浪費，不甘心心念念的目標就此幻滅。

但後來好不容易見父母因他而逐漸開朗，他才將心頭的高牆一磚一瓦夷平，他已經不那麼在乎別人如何看他，不在意過去的積累就此歸零重新開始。他曉得，原來有時候放下即是迷惘的結束，有時候脫下處處迎合他人的面具，才能找回真正喜愛的自己。

數數返鄉的日子超過半載，在工作與生活的天秤兩端上，阿年似乎取得平衡。他漸漸明白自己期盼的是什麼，不是日日苟且偷生為生存，是為了自在地活在這世上。看著在意的人慢慢變老，陪著愛著他的人臉龐浮出生命線，那才是他關心的，也才是他該珍惜的生活。

Mr. Hsu
Say

:

或許吧！半推半就才是人生常態中再正常不過的事。

作為成熟的人，一直往所謂「成功之路」上衝，

往往卻忽略了，

也許成功根本沒有所謂的標準答案。

或許吧！活成自己喜歡的樣子，就是最大的成功。

這幾年「做自己」意識抬頭，言談間輕碰這幾個字，人們覺得自己被理解了。忽然之間愛自己變得崇高，愛自己成為一種態度，一種為自己而活的最高指標。可是，愛自己的定義下，是否也該包括當初愛我們的那些人呢？

生命中最可怕的事情不是沒有理想，而是我們奮力前行、跨越重重障礙後迎來功成名就，可是愛的人卻看不見、聽不到，甚至再也無法替我們開心。成熟後的我們，不得不向現實低頭，那不表示軟弱；在社會框架下成為順從的人，那不表示隨波逐流；認清現實認分過日子，那不等於庸庸碌碌過一生。

要做出一番成就，堅持勢必重要，只是有些事情時機不成熟不發生，有些路走了總碰壁代表那條不合適。該捨該放別逞強，能隨時做到歸零的勇氣，或許才是真本事。

專注做一件事就像開車，緊盯前方路，顧著繞過前方障礙物，卻忽略了兩旁的事物，同樣也能豐富旅程。活得精彩固然很好，但換個方式、調整觸及視線範圍，也許能體悟到預想之外的經歷，也說不定。

有天，時間一口吞噬年歲，青春如流星劃過生命，夜幕使尾巴黯然頹色，但我們心中曉得發光過，那就足夠此生牢記心中。

03 快樂

沒有大放異彩、大富大貴沒關係，有願意快樂的念頭、有意願放下一些過去的擔子，往後每一天都會是精彩的日子。

有人曾問約翰・藍儂長大後想做什麼，他寫下「快樂」。對方說他沒聽懂問題，他則說對方不懂人生。

∅

布萊是我的朋友，他和一般人一樣，不是出身在富裕人家，沒有金山銀山作後盾、沒有暢通捷徑可走，踏出門體會人生便是九彎十八拐，有著數不盡的考驗等著他。他努力工作，卻從沒想過自己「為何」要拼命工作；因為對他而言，工作似乎只為生活能吃飽、為活而活而已。

布萊回想自己的成長過程，可說是被迫懂事，一夜長大。

那年，他正就讀大學夜間部二年級，在中和租了間套房，經濟條件不太理想。他離住所不遠處找到服務業的打工機會，在熙來攘往環境中看見人生百態：職業不被重視、被自以為是的客人歧視瞧不起也就算了，有時還得承受顧客不分青紅皂白的失控怒罵。

雖然工作上有這些鳥事苦衷，但時間久了之後，他都能習慣、都能隱忍吞下肚，畢竟誰生活沒摻著七零八碎的煩惱，所以吞苦作樂，笑笑就好，日子還不是依舊天天過。直到有天假日班，他接到母親來電，電話中母親匆匆說道：「要是有人問起爸媽在哪，直接跟他們說你爸媽死了，找你沒任何用處。」語畢隨即掛電話。

頓時，他慌得像懸崖邊的失足者急忙回電，撥到手機快燒掉都是轉入語音信箱；連同住在中和的妹妹也聯繫不上父母。布萊放不下心且擔憂父母的人身安全，立刻從工作中返家隨意抓幾件便衣裝行李，準備回臺中老家，而正當收拾好準備踏出門前夕，母親終於回電給他了。

母親語氣頹喪，無奈地說家中生意經營失利，在外積欠鉅款還不出來，希望布萊能金援家中開銷，兩老已被債務壓得吃不消了。他們想說服布萊將學業擱下，早早服兵役返回老家找工作，且認為北漂在外租屋不如回來與家人共住，能省一項開銷是一項。

對布萊的父母而言，孩子終究要回到身邊的，且當時的家庭狀況，由不得他們仔細考慮太多關於布萊想要的遠景想像：忽略了布萊大學畢業後，其實還想繼續讀研究所。但反哺之情，報父母養育之恩對布萊而言理所當然，他安慰自己，該放手的也不必多想了，做無謂掙扎顯得更加白費，但那晚布萊的心境，比入秋的黑夜更涼。

十九歲應該是自由奔放的年紀，但此時布萊只感到禁錮繞身；反觀十七歲的妹妹，不學好成天翹課鬼混，他還曾到學校代替妹妹向師長道歉她才勉強唸完高中。妹妹畢業後什麼工作都想嘗試，任何技能都沾一點三分鐘熱度卻無法持之以恆。她想去臺北闖，挑戰自己的能耐、試煉自己的青春能獲得哪些不一樣的精彩。反觀當時的布萊，只能依循父母的期望前行，妹妹的個性看在布萊眼裡格外諷刺，怎樣都平衡不了。

回憶兒時，妹妹發懶不想做的家事由布萊做、妹妹喜歡的食物布萊要讓她、全家人的聊天話題總圍繞著妹妹。如今長大了，家中面臨困境也由布萊扛下，他像顆在高壓下極度脹大的氣球，只要一根羽毛就能引爆破滅。然而，布萊身為長子給人「應該負責、應該做榜樣」的印象太深，別說父母，就連他自己也不知該怎麼破解深埋在心中的「長子包袱」。

∅

我和他聊未來，他猶豫許久說「難以想像」，只能把眼前的日子過好，過一天是一天、吃一餐是一餐、省一點是一點，生涯中沒規劃就是最大的計劃，無法相信自己能得到任何成就；不能想像自己有天能風光的替自己講話。

在他的觀念中生活即是為他人過活，不是為自己而活。

布萊說：「我們會長大，父母會老去。幫他們把人生過完後，我自己隨時都能結束人生。」

對他而言自己的生命是否精彩不重要。他的人生像開火車，只能沿軌道方向行駛，欣賞的是父母要他看見的風景、靠得站是父母要他停留的地方。倘若他起心動念試圖開往他方，車上載的父母就會感劇烈搖晃、生活受到威脅。

曾經他想選擇奮鬥的城市、曾經他想拋開傳統往理想奔去、曾經他想嘗試闖出腦海閃過一秒的藍圖、曾經他想過有天老後替年輕的自己驕傲⋯⋯，他不是沒想過青春路上拋出的成長誘惑，只是他捨去志向替父母營造安全感，什麼都還沒做日子就杵在不惑之年面前了。

再次摸索記憶痕跡往回想，即將邁入四十歲的布萊依舊滿心感嘆；那年他十九歲，年輕氣盛卻無力反抗父母的一句請求。如今心如止水，想快樂但快樂不起來了。

Mr. Hsu
Say
:

一再勉強自己成為內心反抗的人，
那是一次次對世界失望的積累。
善良不是耗盡青春迎合任何人，
孝順不是要你捨棄規劃、與未來切割。
當你拼了命在乎別人感受同時，也要問問心裡，
是否曾在乎過自己。

要是倍感鬱悶，不如問問自己「快樂」是什麼呢？
是人生精彩成就了快樂，還是人生快樂成就了精彩？

人生七十才開始，這句話相信很多人都聽過。暫且撇除人體各種器官從三十多歲開始逐漸退化，再撇除以目前醫療發展狀況，男性平均壽命七十六歲、女性則近八十三歲，或許人生七十才「開始」所講的是心靈層面上的自由，其中包括的意義可能有兩種：

第一：忙碌今生到七十歲，終於名正言順地享有真正的生活，不必再為他人而活，不再需要活在別人眼光之下；迎來退休年紀，總算能放下世俗灌輸的枷鎖。

第二：即便邁入高齡，仍有追尋理想的權利，一切皆由自己主宰，為自已快樂而過活，自在自由無拘無束。

實際上，生活周遭不乏激勵故事，例如：被媒體譽為「時尚老人」的王德順已八十歲，他出身平凡農務家庭，最早在工廠當工人，只因熱愛表演藝術，運用空暇時間學習唱歌跳舞和話劇，開啟表演藝術人生。

他偶然間因一場時裝秀成為替代男模，在走秀開場前隨暴風雪襯樂即興發揮演出，熟練表演一段多年未演的《暮年》詮釋一位老人在暴風雪中如何回憶起自己的年輕時光；結尾時，他僅穿著棉褲裸著上身出場，白髮蒼蒼卻胸肌赫然，氣場非凡的自信模樣一夜之間傳遍社群網路；為這天，他足足準備了六十年。

另一位科技巨擘張忠謀，他五十六歲才創辦台積電，一路認真經營到今年九十歲，才開始正式交棒。要說羨慕他嗎？完全不羨慕是假的，可是他的成就絕不是複製貼上，這麼簡單。無論想朝哪個方向前進，長時間投入心思努力是必然的，關鍵在於「開始做了沒？」

一個人想達到某種高度，絕對要先付出和累積才能走得順遂。有些人的生命就是不怕挑戰接踵而來，怕的是自己沒頭緒沒方向。潛能是挖掘出來的，沒有「太晚」這個選項，唯有「要不要」前進這條選項。

從前急著長大，是認為成人之後能選擇的項目更多、能走得路更廣。然而，長大後才發覺，有些選項是無論多渴望，就是不會從生活中冒出頭，但發自內心沒有想碰的責任，卻不知不覺游移到身邊。

說到底，人生根本沒什麼對錯可討論。反哺之情確實不可少，不過孝順方式千百種，為親情放棄揮灑青春磨練歲月的機會，若真要探討對錯，也許是錯在太懂事、太善解人意，進而錯失自己的前途。

今生活感到快樂方法，不免俗老生常談。如果下次有人問我快樂是什麼？我會說：不委屈，不逃避，不將就，不自負，不強求，願意前進。

04 溫柔

多數全職媽媽看似停下人生腳步，其實是為了另一個生命能平安前進。這樣的溫柔，背後有多少不為人知的傷痛和遺憾。

六年前朋友又又踏入婚姻。又又的丈夫，頭腦好、學歷高；高中念的是明星學校，服完兵役後直飛國外攻讀碩士，一路順遂完成父母交託的人生任務。儘管父母初期反對，但依然尊重他選擇自己渴望從事的行業；任誰都看得出來他是驕傲的，確實，他也該替自己感到驕傲。

他們辦了場夢幻浪漫且溫馨動人的教堂婚禮。誓詞中他們回想過去彼此的關係、說出對婚姻的定義、分享愛情的酸甜苦辣，同時給予彼此承諾；那些誓詞，讓在座賓客都濕了眼眶。

婚前夫妻倆也把人生藍圖裡即將面對的考題都討論一遍，包括：孩子未來該讀哪所幼稚園、之後是否該買房子、日後家務事該如何分配、孩子出生後由保姆帶還是親帶、家庭旅遊多久安排一趟，夫妻間的財務如何管理等，兩人展現了極佳默契，開心地迎來婚後生活。

婚後屆滿一年，又又生下可愛得人疼的男娃，生產過程長達二十六個小時，辛苦程度直逼極限，令她此生難忘。那天下午寶寶在她懷中，她不曉得自己為何不斷啜泣，不曉得未來是什麼模樣、不曉得自己會是怎樣的母親，可是她相當肯定，那刻起她是幸福的，她是完整的。

由於丈夫不放心把孩子交給褓母帶，更捨不得又又內外兼顧忙得焦頭爛額，索性讓又又辭掉工作，全心全意在家照顧孩子的生活大小事，當一位全職媽媽就好。

Ø

回顧已被載入史冊的二〇二〇年，世運不濟，相信每個人都感同身受，又又的丈夫同樣深陷其害。即使過去幾年奮鬥成績單攤開，財務狀況勉強能讓家庭撐個幾年，可是，歷經這奇特的一年過後，又有誰不會未雨綢繆呢？

又又的母親、丈夫、弟弟開始明示暗示提醒，媽媽這角色不能視作生活全部，大家的言語中透露出又又是時候找份穩定工作了。她將那番話聽進耳裡、擱在心裡；她有嘗試過，只不過碰了壁不好意思和家人訴說；不是沒有專業技能，也不是不願意做，只是需要點時間尋覓。碰壁沒什麼大不了，頂多再試試看不同管道再接再厲，做媽媽的，面子早已拋得遠到看不見。

或許是疫情下生活著實不易，某天，她和丈夫準備出門用餐前，丈夫推開門不經意脫口：「妳自己要想想，自己有什麼資格吃這頓飯。」

說完，一臉淡然，若無其事和又又帶孩子外出用餐；那句話講得很輕，但不偏不倚戳傷她的心。

別人怎麼想其實她毫不在意，不過丈夫那番話令那時的她鬱悶不解。在家忙碌這些年，人人都視為理所當然，好不容易等孩子性格穩定，家人便開始紛紛催促趕緊找份工作。她無奈激動說：「可這六年來我沒停過呀，沒停擺的念頭呀！」一旁人認為媽媽職責做上手了，孩子總算上幼稚園了，怎麼還不快去找外面的工作，加減分擔家中經濟狀況。當家人那麼想的同時，卻疏於一併思考，若不是她日以繼夜悉心照料，孩子怎會有如今品行端正的性格。此外，當初為了環境清幽，他們從市中心搬到郊區，此刻要二度就業兼顧家庭，在郊區中又又能找的工作無非是服務產業，可是她學的是設計，同樣是難以取代的專業，同樣經過長久耕耘才有一手的技能，又有誰認真替她想過呢？

她自認並非閒蕩人生，也非消極度日，因為孩子的教育不是魔法，唸唸咒語揮揮魔杖即能成龍成鳳。她看著孩子長大，天天隨孩子學做母親，孩子變化連帶影響她的改變。仔細陪著孩子長大的父母，被激發出很多潛能，她從前不曉得自己的溝通方式能創造出孩子的生長軌跡，是孩子讓她看見另一個自己，只是那個天天年年改變且付出的自己，只有她自己看見了而已。

溫柔的人存在於不溫柔的現實中，我知道她一直很努力生活。所以我對又又說：「妳要尊重妳自己，才能得到別人的尊重。妳知道妳在做的事情，對一個生命一個家庭而言是有價值的，才能理氣壯的回答『我當然有資格吃每口飯！』而不是讓一句無意的傷害，重擊你柔軟的心。」

：

生活真的不見得要轟轟烈烈才是真精彩，
過得平凡知足，就是一種幸福。
如果可以選擇，何不讓自己活得堅強獨立？
你可以不必活成女強人，
而小女人的定義也早已不意味著非得在家當全職媽媽。

條件是憑著自己創出來的，
有想法的人才不會被專制意識左右日子，
活出怎樣的人生是自己的選擇，
無論如何都要記得每個人都有自主權。

曾經一位全職媽媽向我說「同輩的人不斷往前走，我卻在原地打轉。」各行各業皆存在不為人知的辛苦，只是大家願不願意說出口而已。

全職媽媽整天的精力和努力全放在家庭，嚴格說起來也是一種職業。她們做好家中每件大小事，替孩子與丈夫照料生活雜事，工作時數簡單加一加不亞於一位上班族，卻鮮少有人替這溫柔有愛的職業認真發聲過。

根據媒體報導，全職媽媽是全世界工時最長的工作，曾有保險網仔細核算全職媽媽付諸時數換算的年薪，大致落於新臺幣二百一十一萬左右，相信這金額不是一般企業給得起的薪資；她們拿不到並非無心爭取，是她們不願量化付出的愛。

幾次和友人聊聊這項議題，發現其實不是她們不願往前走，是社會事件如壞細胞衍生，那些瘋狂和失控的未爆彈往往是隱性的，任誰都無法預測，自己會不會是那千分之一的社會事件受害者；每位孩子都是父母心頭肉，孩子平安長大是他們最大的願望。

此外，長年在職場上的人，找工作並非艱難事，但在全職媽媽身上就不是如此了。舉例普通上班族，面試官可能看過空白六、七年簡歷後可能會問，現今社會趨勢下，能有把握的技能是哪些？又有哪些合宜時事的點子，可執行的想法能扣合想應徵的職務嗎？

沒當過母親的人，很難懂得母親內心情緒交織得多混亂，甚至有時連母親自己都不曉內心是什麼樣貌。

或許，對部分沒孩子的人來說，在家專心帶小孩是比較「沒壓力」的生活方式，甚至有些較不友善的說法，像是「有老公養真好」又或者「好命女人天生享福」這類評語，講好聽點是羨慕，說難聽點是調侃；那些不用認真甚至不必負責的話說出口，不經意打中別人在意的心事，無論再怎麼輕都會刺在心上烙成印記。

有人說權力地位決定一切，被社會階級籠罩下的人，有時候披著專制意識，自己卻渾然不知，認為自己決定都是妥當合適的，就算那決定下的參與者不只有他自己。

生活中柴米油鹽醬醋茶，任一項都能使一個人失去活力、減少魅力、拭去耐性、黯淡無光。全職媽媽成天忙得暈頭轉向，每天都用雙倍速度和時間賽跑，常常一餐只吃十分鐘就開始忙，那些只有她清楚自己有多累，旁人看起來總是輕鬆悠閒，就算是丈夫也未必能理解。

曾有人說：「男人越活越有價值，女人越活越不值錢」就這句話的論點對我來說是不同意的，在自然情況下，任誰都不敵歲月摧殘。

放眼身邊朋友的經歷告訴我，女性的壓力不亞於男性，女性辛勞程度也絕不輸給男性。婚後才曉得丈夫專制主義一面、把丈夫不願做的全攬在身上……，時間一點一滴逝去，她們無怨無悔。對我而言，多數女性是越活越偉大，越活越有智慧、越知性，越懂得感同身受。

所以，倘若此刻的你暫時沒有社會競爭力，也沒關係，第一條路行不通可以選擇第二條路，再不行換就是了，重點是要怎麼追得上時代腳步。如今社會已少去很多行業帶來的優越感，百行皆英雄，時光回推到千禧年，又有誰想得到網紅將成為年輕人嚮往的職業。

無法互相尊重的穩定感情，無論多厚實的基礎皆有變質可能，未來日子會變成什麼樣貌，不可得知，但能曉得不管從哪個時刻開始改變，都是最佳的時機點。不用羨慕他人，也要把自己的日子過好，至少做到不為現實遷就誰，至少得到枕邊人基本尊重。

愛的變化很多，相處得來能攜手一輩子，相處不來只能撐過一陣子。

在這世代下替自己打預防針不算壞事，任憑誰都需要替自己留些後路；人與人之間的關係如積木，能千變萬化但也不堪一擊，唯有自己，永遠能為自己放上那塊最穩固的積木。

05 失去

多數的人都不想被悲傷打敗，但面對至親離開，真的不必急著好起來；你只要窮盡可能地、清醒地好好守護自己。

我和小賴因公相識，他工作如癡，相處五年的日子裡，在我眼中他個性平靜如水，儘管公務繁重他仍條理分明，絕不讓忙碌影響思緒。畢業當完兵後，隻身從花蓮北上打拼，在臺北這座凡事搶快的城市，人人急切的表象裡，他曉得有時慢遠勝於快。

他的談話間常透出智慧，不時把感謝掛嘴邊，他傳遞出的感謝能使人清楚接到真摯，而不僅只是建立在禮貌上。他雖溫和待人卻不藏匿心中不快，即使與他人產生芥蒂，也會以不慍不火的言語溝通，達成雙方都舒適的結果。坦白說，這點令我十分佩服。

以前年少氣盛時，我想到什麼就說什麼，話從口出從不轉彎，壓根不懂人與人之間講話為何要兜圈繞彎。

後來我才逐漸明白，一個人說出口的話繞得多遠，可能表示他曾受過的傷有多深，遠超出他能駕馭的範圍，於是習慣語帶保留，不輕易將話說破；小賴就是如此，拿生命經歷轉換成人生智慧。

自小賴有記憶以來父親總是不在家中，通常一個月只見一次面，之後半年返家一趟，直到音訊全無。舉凡小賴與妹妹的人生重要時刻，父親幾乎全數缺席，他和妹妹是由母親一人辛苦獨力撫養長大。關於父親沒太多回憶能敘事，印象的重量很輕，難以逐一提起。

再見父親是就讀高中的時候，小賴及妹妹在戶政事務所內替雙親作離婚證人，手續辦妥後母親頭也不回帶兩兄妹斷然離場。小賴百感交集轉頭見父親望向他們離去的方向，看見父親神情落寞站在原地遲遲未走，那對小賴而言是此生難以抹去的畫面。直到小賴大學時期通訊方式更加便利後，才與父親較為頻繁聯繫，只是父親始終用不慣手機，只願意使用市話及公共電話與小賴聯絡。後來他才曉得父親那些年居無定所時常搬家，兒時消失的那幾年皆以苦力維生，但小賴很自豪有個能幹的父親，他對我驕傲地說：「在北中南，有很多座橋墩是我爸做的喔！」

與父親幾次談心之間得知，有次做工程時父親從未完工的橋墩摔落重傷，經過醫師積極治療後雖保住性命，但是雙腿出現嚴重問題，每走一步路都是困難差事，別提回去工地上工，連生活都無法溫飽。

好在，兄妹倆步入職場後誓言要給父母親過好日子的願望成真，兩人在職場上都有一番成就。小賴擔任某公司營運主管，妹妹在花蓮某學校擔任教師。他們每個月收入會撥出部分薪資給已分居的雙親，不僅是讓兩老生活，同時意味著兒女已能自力更生，作為父母只需照料好自身就好。妹妹和媽媽在花蓮同住，父親始終不透露住址，小賴則獨自一人住臺北。

幾年前，父親罕見主動邀小賴一同前去祭祖，父子倆杵在祖墳前沉默，父親神情深得像海，彷彿暗自向祖先懺悔此生種種。那天，他的父親面著祖先說：「如果哪天我死，別拜我、別管我，把骨灰灑海裡就好。」他嚇壞了，聽起來就像小賴父親正在交代後事。

聽見老父萬念俱灰口中吐出喪氣話，小賴心亂如麻要父親別胡瞎扯，他開玩笑說：「海葬多麻煩還得申請雜七雜八的手續，說不定換算下來更昂貴。」何況他深信父親肯定會長命百歲，討論這些還太早。

或許，在孩子面前，不是人人都能將內心的軟弱被攤開窺視。有時候意念太倔強，會意氣消沉沒了方向。若沒用「希望」即時點燃四周，便失去了繼續往前走的動力。

∅

某天會議中，有通未顯示的號碼打到小賴手機，基於無法中止會議，他下意識先掛斷電話讓會議順利進行，之後也就忘記了這件事。一個月之後，他接到花蓮警局來電告知，有輛轎車停在偏遠校區旁的荒地許久，現場無打鬥痕跡也沒留下遺書，警方調閱資料後推測是小賴的父親，於是打這通電話希望能請他來一趟花蓮確認死者身分。

小賴掛斷電話之後，腦袋呼嘯而過的是與父親並肩聊天過程、一家人整桌菜的片段記憶，他想起的全是父親的好，想起的都是父親面帶木訥且抱歉的倦容。

臺北啟程開往花蓮的普悠瑪號車程約莫兩小時，小賴在車廂內像搭上沒盡頭的車，他不曉得自己會被載到哪種心境下車。這趟路上他反覆想著過去與爸爸相處的畫面，那些記憶雖不多，但已足夠他不斷翻閱。

抵達事發現場後，轎車內遺體早呈現黑青色，要是認真說起來，在如此腫脹的情況下真的看不出死者身分，但小賴知道那就是他的爸爸。他突然想起會議上那通未顯示的來電，或許是父親想向他吐露內心鬱悶、可能是父親想對他留下訣別話語，可惜他錯失了那通電話。

共同前往的妹妹在身旁早哭成淚人兒，小賴冷靜地告訴自己要堅強，從那刻起他就是家中的精神支柱。小賴在花蓮警局做完筆錄後住了一段時間，沒流半滴淚的替父親處理完後事，直到獨自搭車返回臺北、回到臺北住處看著空蕩套房，他的心臟像狠狠地被啃掉一口，痛得他癱坐玄關無法喘息，小賴突然嚎啕大哭喊著：「我沒爸爸了。」身體不停抽蓄著。

憶起這件事時，小賴雙眼泛淚光地說：「你知道嗎？我好想我爸，好想再替他做很多事。」他氣父親的自私，沒給他童年就算了，小賴長大成人後，向父親許下的承諾既然連等都不願等，如今連一個承諾都還沒兌現父親卻說走就走。

小賴更想說，雙腿走不快有缺陷又如何，慢慢走不就好了？健康亮紅燈無法賺錢又怎樣，小孩都在努力賺錢了不是嗎？家人沒同住都不在身邊，怕孤單的話說一聲大家就能住一塊了呀。就算和母親離婚又怎樣，心中有彼此不就好了？感到愧疚抱歉，就好好活著陪著家人嘛！父親怎麼活到這歲數還那麼傻，只要活著就有希望不是嗎？

每個人在今生將數度面對「失去」，
那是痛苦煎熬且難以言喻的感受。

當我們面臨悲傷時，要先讓自己學會如何面對失落，
怎麼在這熟悉又陌生的世界裡重新找回生活步調，
不是讓「失去」冷落了對生命的熱情。

其中，尤其重要的是，別讓悲傷壓垮你和世界，
以及，仍在你身旁陪伴你的所有人。

死亡是毫無預警的事情，人的一生中難免遭遇幾次生離死別產生的挫折，而莫名由的挫折往往挾帶著憂鬱、失落和沮喪，那都是正常的情緒反應。只是在事發過後，或許我們都該明瞭，當一個人執意要遠走時，用什麼理由都很難去阻擋一切發生。

生而為人，每個人都有自己要面對的課題，那是任誰都無法交換或替代的。那些無法為彼此解決的痛苦，是人生中無法避免的。所以，只要在每個當下，你已經傾其可能做了你能力以內能做的所有事、給予最好的決定，那麼，你就必須學會不再責怪自己，不再將不屬於自己的罪名通通往身上攬。

也就是說，假設已經用盡全力，那麼之後你會明白，就算再謹小慎微的盤算了所有可能發生的錯誤，哪怕是掏空了所有的愛，也難以拯救自己所愛的人，因為那畢竟是那個人最後的「選擇權」，他最後的課題。

面對至親離開，其實不必急著好起來；此時需要的是真心陪伴，而沉默陪伴比有口無心的廢話陪伴來得更加有用。絕大多數的人都不想讓悲傷打敗自己，因此有傷痛就哭，這是做人最基本的反射宣洩方式。事實上，醫學也證實哭泣能增加免疫力，所以我們真的不必壓抑、更不需控制淚水，你要相信悲傷會隨時間變淡，甚至很多人在這種時候，才真正得到再次往前的動力。

成長在我們身上留下痊癒不了的疤。這道疤走過無聲無息的記憶，卻同時也補足勇氣給我們，來面對未知的恐懼和源源不絕的遺憾。所以，當失去發生時，請堅毅地告訴自己：「我還得好好活著。」

有些事不到關頭不會懂、有些道理不到時機不會通。其實不需要等到旅程結束才算真正的旅行，有時那些過程反而更加耐人尋味。關於不敢接受的事實、內心深處最強烈的聲音，有天會清楚明白，原來真的都有放下的一天。

或許，關於「想通」這件事，是人走後留給世間人們的最後一堂課。

06 記憶

在人生道路末端，對往事能記憶猶新是幸福的。假使有天連我都忘記我，請你記得好好過日子，讓我漂流在某塊記憶，遠遠望著你。

我的母親有天喜孜孜在家族群組中報告：「我拿到看護員執照了！」那時我納悶，她在我十二歲時就考到駕照，卻從沒開車載過任何人；因此，我嚴重懷疑這張看護員執照，只是她一時興起考樂趣罷了。

其實，母親天生是讀書的料，要是她認為自身缺乏哪些條件，評估後倘若是真需要她就會想盡辦法補足，例如：基本的日語檢定能力。有天晚餐時段她不經意脫口說：「改天來學個日文好了。」相隔兩、三個月後若無其事地亮出她的日語檢定證書。由此可見考證照對她而言只是小菜一碟，強者程度考前一週隨意背一背考古題就能上考場，雖非領域中巨擘，但拿個中上成績不成問題。

沒想到，母親考到看護員執照之後，竟真的進入一間安養院工作，應證了這回她考證照是玩真的。安養院裡住的長輩有些是中風步伐不穩、有些是語言不協調，有的人雖然生活機能不成問題，不過記憶衰退失智認不清誰是誰，偶而會將看護員誤認成子女。

在那裡長住的長輩其家屬多數忙賺錢生活，少部分家屬則長住國外。時間充裕的家屬月探視、季探視，忙碌的家屬則半年至一年探視一回。其中院內有一位高齡九十七歲的日本奶奶，雖然這位奶奶仍有表達能力，但隨著年齡老化中文表達能力也跟著退化，讓院內專屬照顧員傷透腦筋。日本奶奶連她的親骨肉姓名和長相也一併忘卻，唯獨能想起的名字，是與她相愛近一世紀的日籍丈夫名：本田勇紀。

據悉日本奶奶丈夫因病逝世後沒多久，因長時間背負強烈憂鬱，進而產生失智症狀，最後連自己中文名都記不得了。

不曉得那位奶奶是否想將生活最美的記憶保留在腦海，任憑撕裂的傷痛在腦海中隨波逐流，所以才選擇忘記？

日本奶奶有位兒子，髮絲已經讓歲月染得花白，平均兩週會前往安養院探望一次，帶著她到安養院不遠處的餐廳用餐，有時也會到公園內散步談心。可是他們談天聊地內容全是丈夫，她說好想知道丈夫在國外工作是否順遂，生活是否安好無恙？

日本奶奶的兒子對母親說：「本田先生工作相當忙碌，剛上任社長，不久就會來看妳，本田先生請妳好好照顧自己，他請我帶些你最愛的食物來探望妳。」奶奶自從失智後，就將兒子當作丈夫同事，深信某天丈夫會回到她身邊。

每當奶奶的兒子探訪結束帶著她回到安養院，看護員總是特別關心奶奶想起他是誰了嗎？只見他笑笑：「沒關係，我媽現階段還記得爸爸就足夠幸福了。」還能像這樣來探望她、還能陪她說說話、聽聽他母親印象裡的父親，身為兒子已經感到欣慰，畢竟母親的身體狀況的確由不得他貪心太多。

∅

日本奶奶的生活相當簡單，早晨六點起床找食材想做早飯，不過往往是兩手空空徒勞無功返回房內。在安養院草創期，曾發生住在院內的長輩半夜睡眼惺忪闖進廚房燒菜，燒到一半累了回房間就倒頭大睡，忘記關火差點釀成悲劇。為此，之後安養院內的廚房到一定時間就會鎖上，僅有餐務人員能操作廚房的設備，以免發生憾事。

另外，奶奶會在早晨十點鐘準時到院內各處蒐集髒衣服洗衣，並且將曬衣場內其他長輩的衣物全收進衣籃內，回房間後摺得整整齊齊：將男性衣物放進衣櫃上層、女性衣物放進衣櫃下層。因此看護員時常受到其他長輩抱怨，日本奶奶將自己的衣物「偷」走了。

在看護員們眼中，日本奶奶雖入住安養院卻仍保留家庭主婦作息，日復一日勤做家務事。嚴格來說無傷大雅，只是她衣服摺得入神嘴裡念念有詞，沒人聽得懂她的呢喃，看護員告知用餐時間到了，請日本奶奶暫放手邊「家務事」先行用餐，她多半露出和藹微笑不理睬，導致通常進食的時候已是傍晚。專門照顧她的看護員屢試屢敗，實在擔心長久下來日本奶奶身體不堪負荷，就算現階段生理機能無礙，長久下來健康也會出狀況。

看護專員聽聞母親有些日語基礎，便請母親協助上前溝通，哪怕只是懂幾句日文也好，先讓日本奶奶進食才是重要的。母親向日本奶奶說：「食べてください！（請您吃飯吧！）」日本奶奶仍保持微笑：「夫がすぐ帰宅します、一緒に食事をします。」言下之意是，日本奶奶的丈夫就要返來，我們將共同用餐；原來她始終將兒子的話放在心上。

母親向日本奶奶說：「あなたの夫は今夜戻ってこないかもしれません、君は先に腹いっぱい食べてから彼が帰宅するまで体力がある。」言下之意是，她的丈夫今晚可能無法回來，請先吃飯才有體力等他回來，奶奶聽了後笑得像個孩子露出滿足神情說：「分かりました、いただきます。（明白，那我先吃了。）」隨後即小口小口優雅地開始吃飯。

一個人在這世間都有各自存在的意義，對應著腦中幾段抹不掉的記憶，同時永久地貼合著身體，像暖陽週而復始的曬乾潮濕的心地，曬乾偶發雨季的臉頰。

也許在日本奶奶心中，自己仍一身晴朗地等待丈夫出現，她存在的意義是用心整理衣物、打掃房內，為的是讓丈夫能舒適地休憩；她天光透亮時遍尋食材，是為了做出一桌菜與丈夫共度早餐。

母親敘說這段故事時眼底流露出不捨，她感嘆安養院中大多居住長者為髮絲花白女性，妻子比較懂得照顧丈夫，直到丈夫此生最後一哩路仍耐心照料著。

那些心意有多疼，現在的我還不知曉，但我想，必定是帶著愛意與絕望共同度日。

被無視、輕視的滋味，在我們成為大人的過程中，
或多或少都遭遇過。
這樣的感受，或許就和失智者雷同。

其實，無論是說他們壞話或嫌棄他們，失智症的人全都懂，
他們只是忘了從前記憶，但心仍是炙熱的活著，
被稱讚還是會開心，有人陪還是倍感溫暖。
他們像我們一樣，依舊感覺得到愛的溫度。

在失智已經不罕見的社會裡，我們愈來愈能理解身邊有失智者的感受是什麼，儘管如此，還是能在媒體版面上看見傷害失智者的消息流竄，有些傷害是肢體上的殘暴，有些傷害則是來自對年長失智者的冷落。

所幸這位日本奶奶的兒子明白母親失智後，只能延緩心智退化速度，隨時都可能迎來母親什麼都不會的那天。與其措不及防站在母親全然忘卻的那天，不如早點建立自己寬容的心態，以行動告訴母親「沒關係，我在妳身邊。」這是他給母親溫柔的尊重。

我常在想，長輩活在做什麼事都不簡單的年代，依然能日以繼夜地付出自己，含辛茹苦的撫養下一代長大；而在如今什麼都便利的年代，某些晚輩卻連最基本的尊重與陪伴，都給予不了嗎？

記憶留在戀愛時刻是快樂的，心情留在期待悸動時是興奮的，往事紛飛，走在人生道路的末端還能記憶猶新，是幸福的。儘管面對失智症難免感到悲傷，只是站在失智者的立場看待這件事，他們還能留存生命中美好記憶、忘卻哀痛單純笑得像個孩子，何嘗不是種幸福呢？

後來我意識到母親之所以會想考看護員執照，或許是感悟到阿嬤的老去，身體機能不如從前；也可能是經歷阿姨的離開，或許她心想某天要是有家人需要照料，她願意親力親為替家人盡全部的力量。雖能做的確實有限，但至少內心的遺憾會少些。

有天我們都會老，我想和身邊的人說：「請原諒我有天可能會忘記你，原諒我有天可能會因為不記得而鬧得像孩子，原諒我並非有意不參與你的以後，原諒我有天可能會忘記我們快樂和難過、有趣和無聊的過往，原諒我有天可能會漂流在某塊記憶裡。」

我堅信一起走過的日子雖被遺忘，卻會被牢牢穿戴在心底。如果有天連我都忘記我，請你記得要好好過日子，去追你還沒實現的理想。我們的體力和生命真的有限，要是有天你也開始忘記了，至少身旁的人或許還記得，你曾勇敢過。

07

度假

人生的傷口，只是讓你看清誰是顛簸、誰是碎石，之後遠離那些人就好。生活中的所有高低起伏都是短暫的，就當是度假班機，撐過亂流依然可以抵達心之所向。

我的朋友群來自各行各業，一個拉一個進入這個朋友圈，從三個變五個，五個變八個。有的朋友在金融業務中心付出大把青春，成天飽受不通情理的顧客上門批判指教；有的朋友則在旅遊業替每對剛結為連理的新人安排難忘蜜月之旅、替三五好友結隊出遊安排行程；有些時候是替假借出差名義，實際飛到另個國度，陪伴另個家庭、另個情人。莉莉就在某間非連鎖規模的旅行社上班，時常聽她為工作發愁。

某天上班時段莉莉來電問我當晚是否有空吃頓飯，電話中她罕見反覆喊我名字，頻繁又客套的讓我誤以為在跟陌生人通話。基於是好友邀約又需要專注上班，無法長時間通話下，就爽快答應當晚的飯局。

題外話，我還在品牌企劃上班時，被工作量養成加班習慣，這對人群恐懼症患者來說，加班真是一大福音，能抽離不少紛擾。為什麼這麼說呢？因為下班時段的捷運內，通常擠得像水泄不通的跨年晚會散場人潮，節節車廂擠得令人焦慮難以喘息，乘客間明明彼此陌生，卻像兩塊不同顏色黏土沾黏在一塊，毫無距離可言。此時，能做的唯有戴牢耳機，沉溺音樂中緊盯手機螢幕，心中不斷覆誦著「就快到站了。」才能撐過那不宜久留的密閉煉獄。

下車後依循莉莉發送的地址找到預定的餐廳，入內後由服務生帶領穿梭餐廳內經過開放式廚房，蒜炒義大利麵的香氣撲鼻而來，撫平稍早在車廂內的飢餓與坐立難安的情緒。

早在座位上等候的莉莉見我就要走來，不顧別桌客人揮舞雙手拉高音量迎接。她的座位旁還坐著一位陌生的臉孔：他是莉莉公司同事小豆，他的臉上帶著羞澀無措，一副眼睛瞪得大大地不知該往哪注視。當我入座之後才曉得，原來那晚並非莉莉邀約的飯局，是身旁的小豆。

Ø

那天午餐後莉莉一如既往地替客戶訂購機票、安排出國行程處理遊客零碎瑣事，而同樣在公司內的小豆發訊息給她一串網址，內文備註寫道：「我喜歡這篇專欄的觀點。」莉莉打開網址後，映入眼簾的是我早期在姊妹淘網站的專欄。

莉莉趁身旁同事不在座位上隨即伸長脖子、向隔著五個座位的小豆使眼色揮手，要他到自己座位旁，小豆走到她座位旁蹲下後莉莉小小聲地說：「寫專欄的是我朋友。」小豆聽聞後瞪大雙眼驚訝喊：「妳認識他？」莉莉做出手勢要小豆小聲點別大驚小怪。後來莉莉為了證明她真認識寫專欄的那位作者，當下打了通電話邀我當晚見面吃個便飯，通話時唸到我的名字時還刻意加重語氣，該舉動正是講給小豆聽；怪不得電話這頭的我聽莉莉說話方式，聽得有些無法適應。

拜莉莉敘事功力所賜我笑得合不攏嘴，莉莉表情和肢體展現格外生動，彷彿我就坐在他們的辦公室目睹整件事來龍去脈。

那晚我們聊了許多話題，包括小豆為何喜歡看網路專欄、他私心看好的網路作者有哪些、作者寫了哪些議題會戳中他心。同時，分享他的感情經歷，談著他遇過什麼奇怪難搞的客戶使他們成天忙得水深火熱。面臨挫折時，我們各自都以哪些方式才讓心情舒坦些。回想起那天整晚話題，離不開職場甘苦談，想必小豆肯定很在意他的工作吧！

離開餐廳前小豆特別問：「通常你是多久交一次專欄？」我思考一下回他：「看生活是否賞臉，賜我靈感。」夜裡路燈不太亮，他的笑臉卻像在豔陽下閃耀。

我們的交集隨著相處時間堆疊日漸熟絡，我懂他擅長與人交朋友推心置腹，愛熱鬧、愛偶爾下班後與朋友喝上幾杯；他明白我偏好離群索居不易融進人群，偶爾小酌這件事在我們之間成為逢節慶生才碰得上的事，畢竟幾杯黃湯下肚連呼吸都能同步，彼此將生活上累積許久的不悅一吐為快，聊得盡興也知道我們誰都沒變。

二〇一八年，我出版首本原創小說《不會吧，是我腦洞嗎？》。書名取得很怪，卻反而怪得引起朋友圈注意，順勢替我取個「腦洞城旭遠」外號。那時有場簽書分享會，礙於出版後焦慮使然，沒逐一邀親友與會僅以臉書發文，內文大致是「若大家有空不妨到場聽聽分享會，熱鬧一下也好。」

籤書會那天情義重的朋友們都到場，小豆也來了，他捧著一大疊小說站在簽名桌前，他為每本書簽名處夾上署名紙條，他笑笑：「我要送客戶，可以請腦洞城旭遠替我每本都署名嗎？」見到每張熟面孔伴隨簽名過程，先前的焦慮擔憂全化為泡影。小豆曾問我第二本書何時問世，我回他：「八字沒一撇的事，能寫就寫能不能發就看天隨緣。」他笑我老派說我看太淡，說沒靈感可以找他逛逛展覽、看看電影，隨時奉陪。

Ø

通常收到莉莉來電，總有個輕快問候做開場白，但是，二〇二〇年二月某個深夜躺在床上正準備就寢時莉莉來電，她問我最後一次和小豆聯繫有何異狀？那回她不但沒輕快語氣，拋出的話句句嚴肅沉重。

小豆是她最好的朋友，無論上班日或休假日，莉莉第一通訊息總是發給小豆。他們工作與生活作息幾乎相同，通常小豆收到後會秒讀莉莉訊息。不過在情人節當天音信杳然，莉莉怎麼傳訊息就是沒回應，撥打小豆手機直接轉進語音信箱表示他關機與外失聯。她心急如焚以各種管道試圖聯繫小豆，就是聯繫不上，甚至連臉書帳號都顯示不出他的帳號，如同人間蒸發。

隔天莉莉收到前公司高層消息，小豆遺體在某座高山民宿中尋獲，警方表示死因是燒炭。

我聽聞之後，瞬間好像被一隻無形手，硬生生將鮮紅色的心扯到另一個漆黑空間，不但碎得徹底還屍骨全無。但為了要和莉莉將事件梳理清楚，只能不斷按壓自己胸口，試圖讓自己情緒平復穩定，大口深呼吸，花了好幾分鐘總算平撫呼吸心跳，回過神眼淚早浸溼整件睡衣。

小豆和家人處得相當好，朋友間對他只有讚美毫無抱怨。他樂觀開朗從不急談感情，生活中最重視的只有工作，他視工作如命。

後來聽小豆的前同事們說，原來當初許多同事皆意識到公司運作面出狀況、資金調度不當，多方考量下紛紛提出辭呈，唯獨小豆留下還一股傻勁把自身存款大筆大筆替公司代墊。而基於長年和公司合作關係培養出信任，代墊全沒留下十足証據。那些前同事們都看在眼裡，也曾勸他要公私分明，別那麼傻相信所有人都不會占自己便宜。

前同事們揣測，或許壓垮他心中最後一根稻草的，疑似是公司針對某幾條大筆款項翻臉不認帳。小豆眼看生活大小開支就要繳不出來，過去為公司一肩扛下的代墊鉅款竟遭公司拒絕撥款，直說他沒證據口說無憑，還竭盡所能處處刁難小豆，讓他在職場上毫無立足之地顏面盡失。

小豆太習慣以和為貴。

他自認是小蝦米無法對抗大鯨魚，若要求償深怕被找麻煩，偏偏他又是家中經濟的強大支柱，存款沒了、生活毀了，或許他對這個世界感到失望、對他的公司失望、對人類信任感失望，或者……，對他自己更是感到失望，心中的坎實在過不去，就這麼了結自我。

無論世界再怎麼無理膚淺，也別狠心捨棄自己，
因為那不是你的錯，
錯的是這個世界真的不是每個人都那麼善良。

世間百態伴日常，難免失落無助。
沒有人從不擔憂未來難行，更沒人確信自己會永遠勇敢。
所以，要相信未來會有件事發生得無聲無息，
足以掃去你內心的所有迷惘與偏激。

你只要願意相信，那件事就一定會出現。

某天我和莉莉說，我把對小豆的想念寫成一首歌詞，用一種失戀情懷轉述我們之間的兄弟之情。歌手拿到歌詞後唱得挺順，就收錄在專輯裡頭；莉莉看了看歌詞後說我肉麻得要命，竟寫出那首詞，不過小豆應該很開心吧？他自己昇華成歌了呢！

小豆和我都愛聽歌。回憶推到二〇一八年耶誕節前夕，他和我一起到臺北國際會議中心聽中島美嘉演唱會，那時候我們還心疼演唱單曲《我也曾經想過一了百了》的中島美嘉因罹患「耳咽管開放症」被迫暫停所有演藝活動，其中包括那場遲到已久的出道週年演唱會。

我們聽完演唱會後在路邊討論好久，說人生困境的轉換方式，說別人面對挫敗時提起的勇敢我們如何看齊。此外還說定了秋季展要提前預訂好時間，一起去看展覽、一起去逛日本來的書店、一起去做好多已經預約好的事，可是這回他就這麼任性食言了。

相信想著一了百了的人，一定是因為對自己人生很認真，因為太認真所以用力過生活、拼命把自己逼到盡頭才有一了百了的想法吧？

生命如此短暫脆弱，又有誰不想在有生之年過得尊嚴、過得像自己想像中的模樣？只是，你以為用心中其中一種模式待人接物，就能換來人彼此間的關係良好，請相信那並非錯誤，只是這世界不一定依照你所想像的方式運作，你的想法也未必適用在每個人身上。

當你跌倒摔得雙腳全是傷，要親手洗滌傷口替自己抹藥治癒才能恢復原狀；人生的傷口也相同，那些傷只是讓你看清誰是顛簸、誰是碎石，之後遠離那些人就好。所有的高低起伏都是短暫的，就當飛往度假的班機，偶發亂流擔憂片刻，撐過難受的亂流還是能抵達想到的地方。那些稍作停留的不順遂，平息了情緒，終將成為過眼雲煙。

到頭來也許會發現，幽暗和希望共存才叫人生，有失有得才叫生活，有計較爭奪才叫職場，有挫敗坑疤、有掙扎與逃避才能知曉什麼是快樂。

08

重生

轉念這件事難以劃位指路，唯有自身跌了又摔才能取得的一條路徑。當我們在谷底時，想再遠都覺窄小，然而一旦看透之後，則是怎麼轉都是遼闊。

午夜近休息時間，街道已沒太多人走動。褪去喧囂的都市中，一間燈火通明的居酒屋，在夜幕降臨時分顯出溫暖對比。這間居酒屋從晚間八點營業到清晨四點，客人通常是小酌吃宵夜，不大的店有九個座位，時常滿座；然而這間店沒有名字，熟客私下都稱它「重生飯堂」。

人們稱老闆老爹，店內每道料理分量適中，可是相當經濟實惠。無論消費多寡，即便只點份六十元的五花串、三十元的糖心蛋，仍招待客人一碗盛得像座山丘的熱騰騰白飯。老闆向來不盼高客單，他的營業方針是「無論如何，一定要溫飽。」

老爹的店吃的是人情，他曉得臺北這城市漂泊遊子多，他不求高朋滿座，只願在座客吃完後，心底獲得的比想像的多更多；他像位和藹的父親，真心對待每位客人。

他常說，做菜時候最重要的是「專注」，無論食材多貴、多鮮甜，失去專注就失去料理精神。重生飯堂的獨門料理，是豚烤茭白筍，以五花肉片捲起鮮嫩茭白筍，煸烤後五花肉油脂少，一口咬下香酥嚼勁；而這項料理背後，有個藏匿鐵漢溫柔的別名，叫「荊棘之花」。

∅

尚未創業前，老爹在業界名聲赫赫的餐廳當店長，對街就是國際飯店，是政商名流都愛造訪的名店；粗略計算他為那間餐廳奉獻青春十七年，在汰換率極高的服務業想生存長久時間需要訣竅。而老爹的祕訣在逼近知非之年，仍抱持濃厚熱忱，充滿活力使他看起來相當年輕。許多熟客指定要他服務，他經常跑遍全場笑容滿面，調酒英姿像極了電影《雞尾酒》（*Cocktail*）中的阿湯哥，輕輕一笑即溢出個人魅力，若沒人多嘴提起，又有誰能猜中他實際年齡呢！

老餐廳、老員工、老老闆，從壯年走到中年，羈絆彼此歷經市場變遷，一起撐過金融海嘯，無疑革命情感之深。老爹凡事以團體立場考量，時間久了自然成了老老闆心腹。但是，他從不覺自己滿腹才華，只不過遼闊草原千里馬，巧遇伯樂一顆星，比其他人幸運點罷了。

然而，真情感經得起時間考驗，真生意卻經不起時代轉變，再深的感情，也未必經得起現實敲撞。這些年來各國餐飲投入市場，老餐廳轉型慢半拍，終究來到業績扶不起的地步，老老闆不玩了。

戰友一場，老老闆向新業主替老爹和員工們談合作，全數得以留下繼續工作。話雖如此但師傅引進門，修行在個人，能否捧得起新業主飯碗，全憑自己能耐。

新業主轉型時期，找顧問把餐廳由裡到外評估一番，該換的設備全丟，該換的菜單不手軟，該換新的制度絕不留情。老爹江湖混久了，意識到業主的野心，嗅到顧問的專業果斷，他趕緊花時間積極向後輩請教流行資訊，近來夯什麼、吃什麼、玩什麼全數吸收，逼自己脫胎換骨，逼自已無論如何不能辜負老老闆一片好意。但或許說到底只是要替自己爭口氣，不讓自己在這波汰換潮裡消失匿跡。

整間餐廳齊心力拼轉型，迎來盛大開幕之際，老爹原以為自己的努力能擔起重責大任，但人算不如數據算，顧問口中每字每句皆是新業主金玉聖旨，老爹過去在老餐廳的績效，被視為業績慘跌的主因，認為他思維過於傳統老舊，跟不上現今潮流，五十歲生日前夕，上天送給他一份中年成年禮：裁員。

那是他首次體悟到憑熱忱沒用、憑過去經驗無效，在緊湊的數位時代，熟客名單成了被鄙視的一團團垃圾。

然而，老爹並非悲觀者，「天公疼憨人，再接再厲試試看」環繞他腦中，擴散他體內每顆細胞，他不顧年紀扯下臉皮，一問再問工作機會，一天喝五間咖啡店，把人脈一次飲盡，喝到失眠，喝到手抖，喝到心都寒了，結果都是「抱歉，實在幫不上忙。」

眼看多年辛苦存的老本，在幾個月內就要見底，他發了瘋似的向人力銀行發履歷，認真修改每次按下應徵前的簡短自序，幸運找到公司信箱就不嫌麻煩，親自寫封文情並茂的自薦信。但一天兩天過去、一週兩週前進，他還是站在原地，一口一口啃著孤立無援的寒意。

這份「中年禮」，使他感悟到人情像是一張張薄紙，輕易就能撕碎，又這城市對中年失業的不公，繼續待在這座城市，只會讓沮喪攀附全身、被無情吞噬。最後，他明白人在人情在，人走茶淡涼，老爹退了臺北租賃屋，心灰意冷徹夜收拾行李，連高鐵都捨不得搭，訂了張最早的自強號，回老家沉殿，修復他滿目瘡痍的自尊心。

∅

老家本業是種茭白筍，由姊姊承接已當天使的父親務農。和傳統農產沒兩樣，同業間心知肚明傳統進出貨快沒落了，同樣正在力拼網路市場，紛紛架起簡約的網站，同時經營社群，雙管齊下做生意。

回到老家後，老爹沒事便會捲袖下田幫忙，他看著姊姊汗如雨下，嘴角卻沒墜下，他心想姊姊年紀更為年長，都看得那麼開、那麼為生活努力，他又有何立場怪世道殘忍無情呢？

於是，沒兩天的時間，他就積極地請教姊姊有關茭白筍的大小事，從生長期到盛產期，銷售到哪些區域，又有哪些餐飲集團採用他們的食材。萬事塞進腦，有如打通任督二脈，老爹再次展現野心一面並期許自己，絕對要在短期內重返那曾拼搏青春之地，另起爐灶。要當初看輕他的人曉得，年紀絕不是市場該檢視的標準，那時他只是尚未開竅，現在已不是當初的他了。

最終，相隔一年時間，他在老餐廳的相同區域開業。

午夜近休息時間，街道已沒太多人走動，褪去喧囂的都市中，一間燈火通明居酒屋，在夜幕降臨時分顯出溫暖對比，這間居酒屋晚間八點營業到清晨四點，然而這間店沒有名字，熟客私下都稱它「重生飯堂」，客人吃的不僅是宵夜美食，吃進的是數據怎麼算都算不出的溫情，吃進更多是切也切不斷的人情。

獨門料理「荊棘之花」就此誕生，是熟門熟路客人的必點料理。他們都曉得，那不單單是一道料理，那是一個人重生的象徵。

老爹最終明白，人生意義不該由誰定義，而是應該由自己的雙手抹著汗水、淚水，一點一滴創造而來；根本不必記得過去長相，只要曉得心裡頭是什麼模樣，就好了。那是他的選擇，他曉得自己必定撐下去，撐到他沒體力為止，如同他心目中老老闆，那般堅毅不拔。

Mr. Hsu
Say

脆弱的時候看，失去是失去；頑強的時候看，失去是放下。

一生有千萬種可能，
所有美好都跟著噩耗，所有痛苦又接著喜訊；
現實如此，生命亦然。

不侷限，是疼自己最好的方式。
因為我們可以在得到和失去間，一次次堅強自己。
世上比工作更重要的，是把過去糾結梳理開，
放下執念和不幸念頭，好好活著日後每一瞬間。

世道現實殘忍，生活從來不輕鬆。

命運無法順理依序造冊，有時我們被尖酸言論鞭笞，灰心喪志在所難免，不過命運好玩之處在於多變化，沒挫折即沒挑戰，而人是需要不斷轉動，才能轉成更好的模樣。

誰都不能鐵口直斷地說未來能擁有什麼，在不可逆的現況打擊下，或許你要堅信的是，你現在使出的每一絲力，不是為了別人賣命，是為了超過現在的自己，是提前替未來的自己努力。

脆弱時候看失去是失去，頑強時候看失去是放下。

回過頭看老爹故事，我體悟到其實大家的路都不好走。

路再順還是有顛簸時，命再順還是有瓶頸時，只是，他願意做頑強的自己，不願意做向現實低頭的自己。或許，有時緩緩停下腳步放慢生活節奏，才能找到心之所向，重獲新生。

09 擱淺

無法接受的意外，就當是心上有道積沙擱淺，時間終究會像風般，
慢慢吹走它們。試著接受命運安排，也是安撫缺憾的一種方式。

宇飛是我朋友中數一數二才華洋溢的人，業內名聲響噹噹的室內設計師。頭腦好、文筆好、人緣好、表達流暢、知識涵養極深、思緒條理分明、心智敏銳度高、常受邀到校園演講、燒一手好菜的男人；他也是家中育有三寶的爸。

自名校室內設計系畢業後，宇飛早早服完兵役，一面在臺北某室內設計公司做助理賺生活費，一面在家不斷充實自己、接些朋友引薦的小案子。他抗壓性極高、不怕髒亂、接受無止境的無加班費制度、管他案場多遠一通電話隨Call隨到，在設計公司咬牙苦撐三年升上設計師。

成為設計師的宇飛更加賣力，無論案件大小、獎金多寡，一旦交給他做，必定不遺餘力地發揮設計長才，幾乎每一位客戶都對他的作品讚不絕口。

有次，案件在臺東，是三合院的舊翻新案件。一聽到屋主是老闆朋友，宇飛二話不說飛奔當地勘查、親自瞭解客戶需求。令客戶印象深刻是，那天屋主隨口說「屋頂好像有凹陷」表示要找結構技師處理，宇飛聽見立刻架長梯、爬到屋頂上查明實況，結果才踏上去、沒走兩步路就不小心滑倒，在屋頂上滾一圈半摔到後院，結果左側著地左手臂脫臼。那次受的傷花了宇飛三個半月才痊癒，弄得屋主和老闆哭笑不得。

如果再問他一次，還要不要爬上屋簷勘查？我想他會給你百分之百肯定答案「還是要。」宇飛就是那麼拼的一個人。

我很喜歡一段話：「走上人生的路，前途很遠很暗，不怕的人才有前路可走。」這段話套用在宇飛身上再適合不過，他就是天地不怕的人。對他來說日子如果沒有一點瘋狂，就不值得他過下去。

省吃儉用、拼命接案的生活型態讓他存下一筆錢，於是他在職場打滾幾年、明白在商場上怎麼生存後，決定另闢疆土打造自己的事業王國。

轉眼開業兩年，回溯兩年之間宇飛不停找客戶結識新人脈，不斷拜訪認識和不認識的客戶，開發事業。幸好皇天不負苦心人，他用兩年的時間拿下「臺灣室內設計大獎」，以亮眼成績向各界推薦自己、證明自己；證明他把困難當試驗、把委屈當動力是正確的。終於盼到這天，他不必望著網路羨慕別人，他已足夠令人羨慕。

∅

宇飛在業界的地位逐日攀升，頻繁穿梭各類社交活動。通常他把社交場合當作一種打發時間的消遣，交交新朋友、喝喝小酒、吃吃小點，不抱有任何期待，離開時就不會太多無奈。直到在一場國際設計師交流晚宴上，宇飛認識老婆小文。

小文比宇飛年輕一歲，兩人結識時小文已經三十二歲，原是不婚不生主義者。她身世貧苦，藉著一股頑強毅力拼命上進，自國中起獎學金和她形影不離；如願讀完大學後，一面工作一面進修碩士。她飽經風霜換來一帆風順，擠身進入日語口譯人員行列，那場晚宴上，就是小文替宇飛和日籍設計師口譯溝通。那個夜晚，宇飛捧著一顆如同孩子雀躍的心，對小文深深著迷。

兩人開始交往後，宇飛連米粒般大小的想法都要問小文，例如：他要剪什麼髮型、能不能蓄鬍、拖鞋的顏色等。以上這些只是他個人的，還有關於兩個人的像是假日要去哪玩、要看哪部電影、可不可以牽手、能不能接吻、是否準備見家長等林林總總的想法、東拼西湊的習慣。他們之間沒有矛盾，走的步調以小文為中心，不難發現宇飛對小文相當重視，那種感覺就像把她放在手掌心上，那般珍惜。

不過站在旁觀者，必須講句公道話，我認為宇飛根本在趕進度，算算兩人才認識一年、交往也才短短七個月，小文就這麼懷孕了！慶幸兩人都喜歡小孩，宇飛的人生一夕升格，成為人父也成為人夫；他們在小文肚子隆起前辦了場溫馨歡快的婚禮，據悉宇飛那天顛覆眾人印象，婚宴上勁歌熱舞，辦得熱鬧無比。

有了家庭、有了事業後，宇飛的發展如日中天，他開始幻想有著和諧溫暖的家庭，也想著自己未來老去，和心愛的老婆白頭偕老攜手的樣子。想著想著，他在事業上更加賣力，猶如沒有明天般地衝刺，早也拼晚也拼，一年三百六十五天僅休息零星幾天，而在這樣開外掛加速情況下，總算讓宇飛衝到買下屬於他們的一間房，還把孩子未來的房間一併規劃，三房兩廳，住起來剛剛好。

宇飛敢夢敢衝性格令許多人驚嘆，包括我在內，有時真覺得他衝過了頭，根本沒把健康當一回事。那天是他結婚三週年，他在 Facebook 上發了張與海岸線的合照，照片裡有掛著黑眼圈的宇飛、笑得開懷的小文、可愛的兩歲半兒子、還抱懷裡的一歲女兒，一家人看起來幸福得不得了，再添一點點笑容足以融化世界。

他歡喜之心在貼文中表現得一覽無遺：「臺東一切都是美的，謝謝老婆給我完整的家，謝謝肚子裡的小寶貝，選擇來我們家。」看得我差點被閃瞎，小文懷了第三胎，剛滿三個月。

∅

那是個平凡無奇的工作日下午，小文住進醫院待產，也許是前兩胎的經驗，這回照顧小文的醫護全是認識的，貼心的安排之下讓宇飛安心許多。生產當天，小文一時興起想說說心事，她挽著宇飛手臂，緩緩地、有條理地向宇飛說話：

「老公，如果有天我先下車，你會不會難過？」小文大眼汪汪看著宇飛。

「什麼下車上車的，你在醫院不在車子裡，別瞎扯一大堆。」宇飛臉漲紅得像顆番茄。

「我的意思是，如果……我比你先走。」小文喪氣說著。

「當然難過啊！難過死了吧，不要再亂說了，肚子裡寶寶會聽到。」宇飛回答。

「跟你說喔，如果我真的先下車，你別沮喪也不要絕望，每個孩子都是我，他們會幫你找到所有的方向，相信自己、相信他們，好嗎？」

宇飛不曉得小文想表達什麼，讓他聽著聽著忍不住啜泣，哭得像大男孩。小文眼眶泛紅，伸手替宇飛擦拭由臉頰滑落的淚滴，她勉強揚起一絲微笑，隨後她感到骨盆被千萬根針刺，痛得她語無倫次，痛得她咬牙切齒，醫護緊急評估後就把小文推到產房準備生產。

以常理推斷，第二胎、第三胎的生產時間大約是八小時內，算算小文推進產房已十個小時，遲遲沒人告訴產房外的宇飛裡頭的狀況，只見醫護進進出出，直到邁入第十一個小時，宇飛見接生醫師垂頭走出來。他心想這場景不對，他不想聽見任何壞消息，可惜醫師開口第一句話，徹底打醒宇飛美滿家庭的夢。

「抱歉，我們盡力了。」小文再也回不去他們的家。

早在第七個小時小文就自然產完，不過出現產後大量出血症狀，緊急止血、施予藥物仍遲遲無法改善。後來因兇猛湍急的出血，形成瀰漫性血管內凝血，產道大量出血不止，最後搶救無效。

宇飛得知小文在產房撒手人寰，他的世界頓時被關上燈，眼前黑濛濛一片什麼都看不見，想伸手抓住老婆卻頻頻揮空，椎心刺骨崩潰的情緒竄滿腦海，不斷向醫護人員央求：「醫生，可以再試幾次嗎？」、「拜託、拜託你！」、「我跟老婆約好今年她生日要出國，不能食言啊⋯⋯」、「小孩不能沒有媽媽⋯⋯」、「再急救一次就好，求求你。」

然而，即便他反覆懇求，醫護照樣站原地回他同一句話，並且解釋醫療能力確實有限，在醫療限制內能做的都做了，盼宇飛好好保重自己，倘若有需求，院內有諮商師可進行悲傷輔導。

實際上宇飛內心清楚明瞭，如果已盡全力挽救一條命，該走的還是留不住，這不是誰揮揮手就能解決的事。他顫顫巍巍走在醫院內，不曉得自己該往哪去，不知道小文會到哪裡去，整個人恍恍惚惚，心底冒出千萬個同歸於盡念頭，自責的話不斷湧現內心：

「小孩都兩個了，我們何必生第三胎呢？」

「這幾年我拼得死去活來，妳怎麼忍心說走就走？」

「要是我再細心點，是不是妳就不會死？」

「小文，妳可以先不要睡嗎？」

「老婆，可不可以回來我身邊？」

「不要跟我玩啦……一點都不好玩。」

「老婆，還記得我們怎麼認識的嗎？」

「拜託快醒來，沒有妳我的生活怎麼辦？」

明明昨天還在天堂，現在突然身置地獄，宇飛第一次感受到空氣瞬間凝結成冰的滋味。那是被全世界遺棄的感受、那是靈魂被抽走的感受、那是自己站在原地但心愛的人卻不知去向的感受、那是日後只能憑藉記憶想念一個人的感受、那是埋頭忙碌好多年換來一場空的感受、那是一心一意想給老婆好生活，最後徒留他自己的感受。宇飛好懊悔，好恨好恨自私的自己。

正當他籠罩著強烈悔意，腦海一閃而過孩子無邪臉龐，漸漸剷除所有崩壞想法，他清楚明白從此三個孩子等同小文，小文就是三個孩子。他很愛小文，也很愛孩子，正因為太愛、太愛了，愛得沒能比擬，所以他必須振作，他必須要讓所有他愛的人和愛他的人放心。

後來，宇飛常跑海邊，因為小文喜歡海。記得小文曾告訴他，海邊是全世界最神奇的地方，海浪打上來就迎來希望，海浪退下去就帶走缺憾。宇飛會在海邊朝夕陽大喊小文的名字，渴望她在另一端能聽見。

宇飛是個好爸爸，把家中三寶照顧得很好。他好到什麼都不缺，獨缺一個，本該與他細數餘生的人。

有些人來到你的生命，
原以為他是一本書中最重要的主角，
故事圍繞著他，少了他故事無法延續。

可是細細體會後，
不難察覺你和他這一生，原來共同編列同一本書，
你句裏包著他，他字字寫著你，你離不開他，他撕不下你。

擱淺心上的悲傷，無法透過任何事排解；視而不見會越積越厚，若拼命以充實生活填補，要是哪天休了假放了鬆，悲傷將會排山倒海傾瀉而出；當意識到時往往已經奄奄一息，無力掙脫。

我們生命起落之間，會受到大小不一的挫折迎面擊來，常在心裡怨嘆，為何重要的人無法一路陪到結尾？好不容易定下心好好經營一段關係，誰曉得那是曇花一現，到頭來夢清醒了，美麗還印在腦中，使得痛苦更加深刻。面對重複湧起的失落畫面，有時候要說服自己，嘗試壓抑悲傷，告訴自己「先離開的人不是棄你而去，只是暫時休憩。」雖然這個人在你的人生篇幅中不太多，但你仍然可以細細翻閱、小心品味過去的章節，因為他曾造訪過你的生活，因為這是你的書，因為這是你的生命。

生命太多事情難以預料，很多事情是我們無法預測的。愛一個人的時候，人們常常在心底勾勒承諾，曾以為能和他走很遠、很遠，直到生命的結局。可是，任誰都摸不透命運將如何排列，所以適時地告訴自己要接受、要釋懷。其實很多時候這樣做是在保護自己，若無論如何還是無法接受，就輕輕地跟自己說「愛過就好」。

因為，說道理、談公平，沒任何人爭論得過上天，不是嗎？

實際上每對夫妻或情侶，相處時間久了、習慣兩個人生活了就能稱作一體：睡醒後看不見對方，一顆心會慌張；聽不見對方聲音，頭腦會焦慮萬分；要是哪天任何一方先離開，就像硬生生被撕裂兩半，徒留活著的那一半獨自承受極大的寂寞、失落和孤單。

所以，或許要繞一大圈才意識到，照顧好自己，好好過日子，就是給離開的人最好的安慰。

後來和宇飛聊這些經歷，提到與小文的點滴回憶時，他依舊笑得如艷陽燦爛。也許在外人眼中他的傷已經癒合，但在我看來他根本沒好過，只是他親手接過那些悲痛，所以他懂怎麼釋懷、如何安慰動盪的自己，以及，怎麼緩和述說那些見骨的傷痕。

透過宇飛故事可以曉得，走這趟世間，感受到的任何事都有層次區分，再大的悲傷也有濃度深淺，即便生無可戀，死亦無憾，但成天沉浸悲傷只會讓生活越過越糟。

日子終究還是要繼續、孩子仍然要成長、工作照樣在眼前，當你決意重新站起時，呼吸到的每口氧氣都會是期待，體內每顆細胞都會是希望。

或許接受命運的安排，就是接受缺憾的最佳方法。

10

理解

攤開自己，我們沒必要把人生出讓給誰；理解自己後，外面的世界就此不同。拒絕自己不想要的生活，哪怕只有幾公分距離，也好。

曾經，尤妮娜問耶穌：「我害怕自己喜歡同性，怎麼辦？」
祂回答：「不須害怕。」
她又問：「如果我是同志，祢會不會接受我？」
祂說：「不用擔心。」
她最後問：「教會似乎反對同志，該如何是好？」
耶穌說：「不要在意任何人的想法。」

尤妮娜出生在基督家庭，爸爸和阿公都是教會長老，整個家族的人都在教會參與了所有的成長過程。教會裡的人們彼此認識，熟悉得像第二個家。或許就是這些緣分，她讀國中時，就曉得自己有一般人沒有的能力：她經常收到神傳遞給她的訊息。

起初是在禱告時，她能聽見自己以外的聲音從內心冒出，她才曉得有這項能力。根據尤妮娜敘述，那些訊息會以各種形式在腦海浮現，有時是文字、有時是畫面、有時是聲音。若要加以形容，她說那是一種相當平穩的聲音，可以安定一個人毛躁情緒，尤其，在她有各種煩惱時，聲音會向她說：「不要擔心。」

尤妮娜除了能聽見神之聲，還有預知能力。有次朋友口都還沒開，她就率先道出朋友內心話。坦白講，能有預知力、聽見神的指示和安慰，對我來說是個超級大禮，天知道我多想聽見神的話語，可惜祂沒眷顧我。

尤妮娜說早在許久以前，就曉得自己是同志，儘管如此她心中的信仰不曾動搖，只是有歷史記載以來，傳統教會有形無形中對同志並不友善。傳道人闡述各種故事，都常使她感到罪惡油然而生，令她感到不自在、不斷質疑自己，於是她一度排斥去教會。

在和耶穌溝通時，她搖搖欲墜，且那搖搖欲墜是差那麼一點，就會失足摔得粉身碎骨。她向祂問了千百個難以啟齒的困惑，渴望祂能多說點什麼，可惜只能聽見神果斷答案。對尚未成熟的尤妮娜而言，神似乎認為她可以跨越布滿荊棘的阻礙，她可以克服他人鑲在腦海的刻板印象；於是，她試著相信自己，她試著成為不自在的自己。

不過事與願違，造化弄人就是如此吧！有次尤妮娜一如既往讀聖經，故事中有個人離開教會，腦中甚至閃過她離開教會的唏噓畫面，她頓時有如被雷重擊，內心顫抖了一下，她明白那是即將發生的畫面，她沒和任何人說，她靜靜把那份念頭隨心沉入海，塵封海底。

過了好一陣子，尤妮娜果然因傳統訓導被勸退離開教會。她失落得像了無生氣的沙漠，原來這就是被遺棄的感覺。她體會到不被認同的煎熬滋味，而原因只是她喜歡女性，只是想順從自己的心而行罷了。

∅

好在她熱衷教學，還能傾心盡力把精力投入教學生活。十二年前，尤妮娜是一位體育老師，她認為成長只有一次，於是極力給學生截然不同的課堂體驗。明白青春期學生愛新鮮，課程規劃求新求變，教學模式多元有趣；不只在那個年代，就算是現在的學校，也未必能做到她如此有趣的教學方法，課堂上學生們個個自在活潑，有著真切的快樂。

由於體育課多數是開放空間，也是開放觀課，別班學生看他們上課樂此不疲，心生羨慕，相對引來其他體育老師的側目。

某天，尤妮娜被體育組長約談，說其他體育老師反應她打破體制規則，要她別教傳統教材以外的課程；傳統教材教完，放學生自由活動，到體育組喝茶乘涼不好嗎？組長提出，要是尤妮娜在體育課上讓學生「太活潑」引起別人注意，她就得被扣分記過，影響未來職涯。

教育精神應是激發學生潛能，培育學生良好道德，養成端正人品，聽聽那些口出諷刺的教師，尤妮娜向我轉述時，我真的難以想像那真是一名教師該說的荒唐話嗎？

教學被找碴事小，誇張行徑不止如此。尤妮娜天生活潑外向，一頭短髮也成為眼紅教師的箭靶，三天兩頭調侃「什麼時候交男朋友啊？」、「頭髮那麼短怎麼交得到男朋友。」、「要不要替妳辦聯誼啊？」、「年紀不小了，不結婚家裡不擔心嗎？」長期以來七嘴八舌令她心力交瘁，說穿了那是種歧視，那是言語霸凌、那是排擠。她花五年時間考教師執照，鑽過錄取率極低的標準，花大把時間投身教育，為的不是把時間拿來聽那些與教育毫不相干的八卦及酸言酸語。

尤妮娜不否認外界對教師的印象，確實薪資穩定，有寒暑假可放，對很多人來講是相當不錯的工作。可是她面對的職場文化，對她而言是共犯結構，是製造社會問題的起端，這個世道已經不再缺品格偏差的人了。再者，學生抱著滿懷期待和希望踏入校園，希望老師解決成長過程的種種疑惑，如果連她都同流合污，成為她不想成為的人，學生豈不是少一個希望嗎？

最終，她負荷不了偏離教育價值的教學現場，決定山不轉路轉，既然改變不了環境，那她就改變自己。

∅

尤妮娜離開校園，成為全職心靈療癒師，正式成為自由工作者。有人認為走上自由業這條路不容易，沒了正式上下班時間，沒了同事、主管，或許這條路磕磕碰碰，一不小心就沒飯吃，彷彿就是轉身跳入懸崖；尤其「孤獨」似乎成了自由業者的第一項功課。

不，尤妮娜過得相當堅定。雖說挑戰沒少過，可是她過得舒服自在，且真正跳下懸崖後她才曉得這片海有多寬闊自由，不僅溺不死，還相當悠遊。面對挑戰她不自我懷疑，她拋開過去束縛，她被人需要，她和任何人的關係更加親近，不再有那些異樣的眼光，不再有不該由她承受的情緒。她改善人與人的關係，替別人找到心靈問題，並且解決它，同時她也找到真我，她由衷喜歡的模樣。

二〇二〇年十月，尤妮娜和女友舉行婚禮，正式成為陪伴彼此一輩子的家人，雙方好友家人都到婚禮同歡。當中，她在教會的弟兄姊妹也到場獻上誠摯祝福，彷彿象徵他們已經願意真正改變觀念，透過行動告訴她，無論身在何處，她依舊是他們心中充滿活力和勇氣的陽光女孩。

那場婚禮相當溫馨，其中尤妮娜父親為她們送上祝福致詞，更是惹哭眾多賓客：

「我永遠記得，妮娜小時候穿裙子的樣子是多麼可愛，但是到五歲上幼稚園之後她就不肯再穿裙子。我曾經很生氣，慢慢也就看開了，這是我第一次為她改變觀念，誰說女孩一定要穿裙子呢？

她的功課很好，不需補習就有令人滿意的成績；她運動方面更好，各類球賽都表現很突出。如果生在別人家，可能會被栽培成為國手，但是我只教她要快樂，從沒給她壓力要求更好的名次。

在她高二時，有一天告訴我她要考體育系，讓我有點意外。因為臺灣對運動員不但不友善還充滿了歧視，但我還是接受了，這是我第二次為她改變觀念，改變歧視的偏見，也改變行業有尊卑的價值觀。其實一般人要考上體育系並不容易，因為沒有專精的運動強項就不能加分，但是她學業及運動平衡發展，如願考上心中的理想學校。

她大一時因為穿著越來越中性，讓我們懷疑她的性向，有一次放假回家的晚上和她懇談，她終於坦承說自己喜歡女生，讓我們有點震驚。

我不大認識同志，而且接收的資訊都是負面，像尤妮娜這麼正面、這麼陽光的人怎會是同志呢？但我知道同志的處境很艱苦，很容易被歧視、被排擠、被霸凌，讓我們有點不捨，我們怎能不支持她呢？

所以我遲疑了一下，就接受這個事實，沒想到我太太也完全接受，誰教她是我們的寶貝女兒呢？此後我們夫妻倆開始接收關於同志的新資訊，而且每年十月底的同志大遊行都會到現場支持，十多年來我們認識更多的同志，也發現同志其實比異性戀更溫柔也更可愛！

希望更多父母參考我們的經歷，如果堅持狹隘的觀念，將會抱憾過一生，你的子女也會比你更痛苦；相反的，如果放開心胸、接受新觀念，不但會找回你最懷念的子女，而且會多出另一個可愛的子女。

世界因為有了同志才呈現出繽紛的色彩，那就是——彩虹。」

Mr. Hsu
Say

有的夢很遠，不代表沒權利爭取。
生命要我們今生不停學習，
現實磨得我們忘了探索自己，才是進修課題。
年紀越大，能做的事越來越少，趁還來得及，
勇於拒絕自己不想要的生活，才是活著的真諦。

任何事都是雙面刃。人常把大海比喻成母親，抑或是神奇魔術師，但對我而言大海不僅如此。心情好時，大海是場軟綿的夢，孕育各種可能，但心情低迷時，大海如野獸，連肉帶骨吃得一乾二淨，殘屑不剩。

徬徨的時候，多數人會覺得自己遊走山谷間鋼索，搖晃不定且步步驚心，時時刻刻擔心墜入不見底的深淵；隨波逐流沖進無情大海，缺少氧氣，生存變得十分困難。可是，真的是這樣嗎？

生命有限，在猶豫時候不妨孤注一擲，也許你也能掙脫地面的枯燥，在海裡自由的游。有的夢很遠，不代表沒權利爭取，或許你一直都有機會，只是太習慣自己扛下過去的一切。

透過尤妮娜的故事我想說，幸福這兩字看起來輕鬆，不過對同志的生命歷程而言，相當不容易。雖然現在同性戀人能步入婚姻，可是社會中，仍有許多觀念和立場需要人們一起支持；一個人的想法或許薄弱，但我相信一群人的想法，就足以改變整個世界。

願你都能逐漸喜歡如今的自己，踏上該運行的條條軌道，拋開懷疑且熱衷現在的生活，願意提著愛的力量往前行。或許某天，你會感謝當初極力掙脫的自己，那個奮不顧身都要為自己嘗試的自己。

放手

放手，是一種成熟的能力。放手不等於不愛了，或許是因為愛太深，才希望對方過得快樂。一種成熟的放手，是無論何時回首端看，都能揚起微笑。

特別欣賞言簡意賅的人，既不浪費口舌也不浪費時間，天啟就是這樣的人。他身上帶著與生俱來的坦率，從沒打算迎合任何人，不輕易改變自身觀點與本心，論工作論友情論愛情皆是。他曾說：「說真話雖然有時會傷人，但願意說實話應該被列為優點吧？」與其用盡心力討好他人，天啟寧可好好重視自己。

會緊密聯繫的朋友通常代表彼此頻率相近，天啟和我有「自我吹毛求疵」的共同點，許多事非得要做到自己身心俱疲的程度才肯罷休。我常想，天啟他那種天地不怕、直來直往性格，不曉得有沒有讓自己吃過虧？若有吃過幾次虧，那他消化能力肯定不錯，畢竟每次與他碰頭總是神采奕奕，從沒見過他憔悴面容。

大學時，天啟到天津的南開大學當交換生，那是他叛逆期家庭革命爭取到的機會。在那不長不短的時間裡，他體悟到地方文化之外，也得到蠻多獨立的重要性，畢竟千里迢迢到天津是開拓視野，不是為了翹課不是為了單純遊山玩水，更不是為了讓交換生的日子草草結束，於是他很專注在研究當地文化和學業上，壓根沒意識到小波當時頻繁「巧遇」身邊的次數，多得不正常。

選同堂課程不稀奇，他時常在校外餐館被小波認出來、在當地圖書館被小波認出來、搭擁擠的公車被小波認出來，連逛個百貨商場也能被小波巧遇，久而久之，使得他們之間不再只是巧遇而是相識。天啟明顯感受到小波對他散發出一股若有似無的好感，直覺地告訴他小波正在注意他。

交換生的日子不太長，回臺灣之前，天啟和在地認識的同學們交換e-mail，以便日後能在網路上聊上幾句，但是隨著之後進入職場，工作忙碌，與天津同學們也漸漸斷了聯繫。

說個題外話，網路顧名思義會把和自己有關係、沒關係的人事物網羅起來，把有感情與沒感情的織成多條路，網羅成生活中無形線。臉書問世後，天啟無意間發現臉書好友推薦除了朋友的朋友外，也多了幾張熟面孔——失聯的天津同學們紛紛加入臉書行列。天啟這下有機會與他們重啟聯繫，同時也能關注他們的近況。

二〇一八年末，天啟收到小波來訊，她表示過不久後大學同學們要聚一聚，她透過臉書知道天啟生活過得相當充實，時常飛往各地出差，她問天啟什麼時候會在天津，大夥好聚一聚吃頓便飯，順道交流彼此畢業後的近況。

生活運轉得很現實，短暫逃避能讓自己較有能力以從容態度面對現實帶來的嚴峻考驗。天啟那時的生活狀態相當緊繃，安排旅程正好符合他放鬆的需求，他將累積的特休全用在這趟行程。

∅

相隔多年重返天津，天啟與同學們相聚前獨自漫無目的遊走。距離二〇一五年天津港危化品倉庫爆炸事故，已近三年，他看得出這座熟悉的城市正努力地在恢復過往繁景。他刻意繞到古文化街，店鋪商品依舊能砍對價，塘沽外灘公園碼頭停靠一艘紅色觀光遊船，在灰濛濛天空下顯得亮眼。

近十年的日子，能改變許多事洗鍊一個人，老同學們的聚會，有帶孩子來的，有剛結束工作來的，有緩下忙碌事業倉促而來的，而以天啟的慧根，看得出來小波盛裝打扮是為自己而來。

天啟笑說自己命好，在天津的日子隨意走進館子天天是美食，從沒踩過雷。天津人有的是幽默，嘴巴像連環炮反應特別快，幾個同學坐在天津餐館裡損幾句天啟，虧他回臺灣就像蒸發，連個照片都不給看。同學們個個好客，開心胡亂點整桌菜，一道道端上桌的熱騰騰料理，都是天啟懷念的滋味。

大夥為歡迎他就吃碗撈麵，好似天津民間傳統「逢喜事吃撈麵」配料簡單，甜麵炸醬味道吃起來可不簡單；煎餅果子綠豆薄皮撒顆蛋，像他當年義無反顧飛到天津既鹹又甜；嘎巴菜的香辣麻甜口感，像他離別天津前的複雜滋味；肉龍像他經過這近十年來的飽滿歷練，咬下每口都紮實。同學們將一道道家常美食套用在天啟身上，讓他目瞪口呆。有句話是這麼說的「與一個天津人困在孤島，只要天津人不是啞巴，日子保證風生水起。」天啟樂得服了這句話。

那趟飛行天啟自認沒多的時機能和小波聊上幾句，或許好面子，或許沒衝動，或許礙於昔日同學都在身邊，天啟給自己一萬種或許的理由，就缺一種勇氣讓或許成為他自我期許。天啟以為小波會與他單獨約會，結果她沒有，然而人生能有幾次能遇到真正的時機脫口說出真心話呢？

回臺灣後，天啟久久無法對自己釋懷，總覺得對自己過意不去，他決定以訊息方式和小波掏心掏肺的告白，若當不成戀人最起碼也能回到朋友位置。皇天不負苦心人，小波果然對天啟相當欣賞，只是不曉得他的心意，所以遲遲沒立場說服她自己向天啟觸碰感情話題，天啟鼓起勇氣以最擅長的方式和小波「談條件」。最終他和小波達成協議：

- 儘管相隔兩地，心煩意亂時彼此能以電話互相安慰。
- 以同居和結婚為前提，雙方生活花費開始學會節制。
- 以五年為期限，兩人在家鄉好好努力打拼，存同居和結婚基金。
- 五年後小波飛來臺灣展開新生活，由天啟物色房子物件。
- 在這五年期間內，基於信任雙方應避免猜疑。

經營感情的方式千百種，相異性格以相異模式共處，沒有一套制式模組能套用在任何一對情人身上。坦白講，我十分佩服能克服遠距的戀人，那不僅需要愛，更需要相當多的自制力，才能固守兩人之間的感情。

∅

二〇一九年夏季，天啟在板橋買了人生第一間房，他砸下這幾年努力賺到的存款，並興致勃勃向我分享房子內將設置哪些設備。他設置了一間工作室兼書房，客廳要裝家庭式劇院因為小波愛追劇，主臥室空調是冷暖替換的不怕傷風，還有間通風良好的房間，初期是儲藏室未來是育嬰房。

人常說熱戀能改變生活重心，更能改變思維使人確立努力的目的，說得真對。天啟在這之前優先考量的總是自己，然而因為小波的出現讓天啟除了務實之外，多了幾分溫柔，更多了幾分穩重。

他說工作累了就打開落地窗、走到種植盆栽的陽台，望向無邊際天空；繁星明亮，月亮很圓，盯著同一顆月亮，相隔一片海的他們，見不到彼此，卻感覺就在身旁。

浪漫男子的世界連呼吸都是喜悅的，我好奇問他把畢生積蓄都花在這間房，假設小波沒來臺灣怎麼辦？他信誓旦旦告訴我，不會有那天，他們一直很用心經營彼此的關係。聽到他這麼說，除了替他們開心之餘，更欣慰天啟找到願意用餘生陪伴的人生伴侶。

只是人算不如天算，誰也沒預料到二〇二〇年對眾人來說都是從未料想過的困難日子，新冠肺炎疫情毫不猶豫且無情地入侵生活，帶來絕望。這場疫情斷了許多行業的未來，所有業務收入砍半，小波的公司因面臨數月虧損，不得不宣告倒閉。

她一時半刻找不到合適工作，經濟面出現嚴峻問題，小波將過去辛苦存到的同居基金全耗在沒收入的生活上，這場疫情無疑對小波是重大的一擊。誰也無法預測何時會真正停止，經濟來源勢必成為小波的優先考量。經過深思熟慮後，他們決定暫時結束遠距戀情，好好把各自日子過好過穩，非常時期，感情用事終究不是件好事。

天啟笑笑說：「這樣也好，小波壓力也沒那麼重。」現在兩人還是朋友，說好先各自顧好自己，等待疫情真正停息後再相聚，在那之前各自都別操心對方，好好過日子才是最重要的。

：

也許我們都該試著問自己：為心愛的人，我能選擇放手嗎？

人生的路不按牌理出牌才是常態，

以為走過沙坑後就好，走著走著發現前方還有溝壑在等你；

許多事到頭來不盡人意，甚或衍生些許遺憾。

不過，擁有相識相知感情的人，不忍讓心愛的人心生累贅，

如此的成熟態度，反而能在困境中給予厚實的支持。

雖然遺憾他們的戀情沒能如預期中順利發展，邁入同居生活。起初耗盡積蓄下定決心買房的意義也不再是為了小波，而那些責任如今為的全是他自己，慶幸，天啟的樂觀性格，沒讓自己低落太久。

在深愛一個人的時候，對方的一顰一笑都充滿魅力，每個瞬間都讓你怦然心動，牽動著你千萬思緒。回頭看看天啟的故事，我不認為那些全然構成遺憾，要不是當初他們樂於彼此勉勵、為彼此許下願望，或許天啟不會多那幾分溫柔，不會橫下一條心做出許多人生中的重大決擇。

一段戀情無法延續的原因太多了，從天啟故事中能明白「即便兩人之間還有愛，放手退位或許才能讓對方幸福。」因為，一段關係能繼續走下去，不只要向前看，更需要時時看著身旁的人，曉得對方的實際狀況、體恤對方碰到的難題，才稱得上靈魂伴侶；而我認為人生中最大的感動之一，就是來自被深愛的人所理解。

樹葉會枯黃掉落，是為了保護樹木儲存養分，長出新生嫩芽綠葉；在一段成長的關係中，適度放手才能繼續往前走。日子一天天過，生活無法過度停滯，有時眼前離去未必是永遠失去，要是兩人之間還有愛，再多困境都不足以切斷緣分，該是自己的，終究會回到自己的身邊。

12 勇敢

再融洽的情感，心往往還是會碎幾次。所以，不要把心碎當作情感的告終，即便關係無法往前行，只要勇敢割捨，就能向旁延續，持續勾勒出不同的情感樣貌。

認識小猛時，她已走入婚姻超過十年。為生活她身兼兩份工作，平日在某集團上班（我和小猛就是在這家公司認識的，她是我的主管），假日在與丈夫共同經營的餃子館幫忙。

過去十年她和丈夫從對家庭責任的懵懂，蛻變成能扛起家庭的人。回憶起兒子襁褓期的她，憑藉著意志力在凌晨四點爬起餵奶安撫，就算丈夫在暖被中酣然入夢，小猛仍甘之如飴。

小猛和丈夫有著信任彼此的共識，不過問各自工作、手機不上鎖，未經同意不主動看彼此手機，不僅出於信任更出於尊重。然而，婚姻經營十多年並非全然愉快順心，但小猛只要想起孩子的無邪神情，她就能將受到的所有辛勞往肚裡吞，對她來說那些苦，無庸置疑是甜蜜的負擔；小猛認為夫妻若齊心，就算吃苦也能消化困境轉為養分滋潤家庭。可惜那些想法只有她懂，丈夫並不懂。

在小猛身懷二寶某天深夜裡，丈夫已呼呼大睡，她則因脹氣整夜翻來覆去遲遲無法闔眼休憩，無意間發現丈夫手機不斷亮起新訊息通知。起初小猛並未理會，她心想：「朋友間互傳些瞎聊話題沒什麼。」然而，無論她如何說服自己那些都是不用理會的雜訊，但在半夜兩、三點丈夫早已熟睡，訊息仍不斷跳出通知，女人的第六感告訴她：這些訊息可能沒有那麼單純。

她刻意在最後一通新訊息通知後，相隔約莫半小時滑開丈夫手機，映入眼裡是雙方極為煽情曖昧的內容，以及近五個月的時間相互傳送的裸露照片，對方說著：「好想你在旁邊。好想你身體所有地方。」老公肆無忌憚回：「排假就到你家去喔。」於是他們安排約會行程，碰面後再安排下次約會行程，下次約會行程後再安排下一次的約會行程。在LINE訊息另一端的頭像，看起來比老公年輕至少十歲。

她老公的外遇對象，是透過社群網站結識的陌生男子，之後她睡得不多，想得卻很多。

小猛那時內心滿是挫傷，腦中頓時濺出無數問句：婚前婚後丈夫哄她怎麼都沒如此費盡心思？距離上次兩人約會不曉得是不是懷大寶前？為何他們夫妻倆日常對話都像罐頭訊息？丈夫在別人身上磨蹭時心中有一絲愧疚嗎？就算是一點點，丈夫有感到抱歉嗎？她竟會輸給一個男孩，真的是位稚氣未脫的男孩。

「婚姻能學的事真多，讓我學會當老婆、當媽媽，老公愛玩學會外遇。」小猛笑得無奈，講得格外痛心。她從前以為外遇這題，在她的生命裡永遠碰不到，未料竟比生孩子還容易。

∅

小猛是相當聰明理智的女性，就算受到委屈也不會讓自己在委屈中困太久。發現這件事情之後，她特別研究婚姻法並與我分享她的觀點。外遇對象無論是同性或是異性，都可依民法向法院訴請判決離婚，不過就「通姦罪」而言，過往法律只限定「男女」性器交合；而若同婚法通過，她相信能幫助少數案例的婚姻權益，就像她這樣的。

聽她解釋完之後我拍手叫好，她不僅工作上表現優異，心思細膩的她連後面的事情都想好，資料準備妥當。眼前就是婚姻的另類瓶頸，她還能如此心思縝密，令我驚嘆不已。當天下班後她吆喝我和幾位同事組成「婚姻平權團」，七人浩浩蕩蕩走到捷運站出口填寫一張又一張的連署單，接著在各自的臉書和IG藉由社群媒體力量，各出一點力號召相識與不相識的人明白連署的重要性。

因為，只要婚姻平權通過，同性間能結為連理不但對同志本身有保障，對異性戀者也相對保障。

不曉得是穿梭捷運站出口絡繹不絕的連署活動因素，還是人與人間澆不息的熱忱使然，那晚活動結束後，小猛跟我說「她心中好踏實，好久沒有睡得這麼安穩了。」

二〇一九年五月二十日臺灣婚姻平權合法化，關注此事的友人紛紛在臉書上暢談著內心悸動，而小猛結婚十餘年，她內心比任何未婚的友人還感動。某日我們相約午餐，她喜孜孜說：「現在我恢復單身了，不過我多了位室友。」

她和老公都希望孩子能無憂無慮、和其他人一樣在一般家庭狀態下長大，因此，在家他們仍向雙寶稱對方「爸爸、媽媽」，在孩子前也稱彼此老公老婆，但他們都曉得離婚後內心位置已從夫妻退回友誼。

二〇二〇年底，他們一家四口在新北耶誕城合影，燈光幻影下每張可愛的臉都是純潔的，他們笑得是真快樂。

生命總愛以強度不同的難題試探底線，用道德考驗一個人的真誠。

我曉得當內心受到過度創傷，眼淚不見得能流出來，

有時表面風平浪靜不表示心裡沒有受傷，

回到獨自空間裡，只要一聲嘆息，

就能喚起隱藏最深層的滔天巨浪淹沒自己。

慶幸的是你勇敢抵制困境的追趕，用寬容接納已發生的事實。

你沒逃避、你沒躊躇不前，你做得很好、把自己顧得很好。

感情經營原本就不必拖泥帶水、糾結臣服於任一方。

從小猛身上看見的不只有母愛與寬容，看到更多的是她對愛情原貌給予支持的勇氣。面對無法預知的未來，或許她曾想過，孩子發展未必能如己所願，於是她聲援平權，力挺各種可能形成的愛。

坦白講無論同性或異性相戀，只要願意付出真心那都是愛。所以不要把婚姻當作性向確認的試驗，因為沒有一個人的青春，該這樣被白白摧毀。

和創傷面對面還能留給舊情人餘地，那是基於曾經付出過真心、曾經深愛過、曾是生命中最重要的人。雖然不見得能忘掉感情原貌，也抹滅不去傷害的原因，但依然是朋友，還是能好聲好氣相處，那便是最後溫柔的包容。

誰都有可能失手犯錯，但時間沒機會停留，我們都是在錯選後懂得如何珍惜和在乎一個人，明白好好愛一個人有多重要。但願當初狠心的人，可以認清自己、真正懂得自己要的是什麼樣的感情，日子過好也真的用心感受幸福，好好經營未來，那就是給心裡受傷的人最大的欣慰了。

13

動心

饒了自己愛錯的念頭，時間終能幫你吞掉那些執迷的回顧，告訴你怎麼愛都不是一種錯。因為認真對待過，動心的資格就從不會消失不見。

小安即將邁入四十五歲，在高規格自我要求的規律生活下，在她身上看不見歲月的痕跡，說她視覺年齡三十五歲也不為過。

追求她的男性非少數，但那些人往往追她追到沒耐性，全因被她以哥們態度相待，無感就是無感，毫不違背內心；小安對感情從不抱持著「試試看」的心態，坦白講這般個性挺難得可貴。她的IG日常天天更新從不間斷，不是發健身文就是美食文，最常掛嘴邊的座右銘是：「沒有我吃不到的美食，也沒有我練不出的線條。」

某天，我好奇問她，人過四十歲後難免擔憂自己情感上沒伴侶陪，難道妳真的沒愁過嗎？她只淡淡說一句「曾想過、擔心過，只是早過了容易心動的年紀。」

其實，二十五年前她也曾經為愛情義無反顧，憑藉一股傻勁把自己衝得體無完膚，差點連相信人性的底線都沒了。

∅

小安溫柔又獨立自主，為了不讓家中負擔過重，當時她白天在一間小規模經營的建築師事務所擔任會計助理，晚上則到大學夜間部上課。公司內的前輩心疼她工作課業兼顧很辛苦都待她不薄，其中，同為助理剛畢業的阿龐對她的照顧，更是眾多前輩中最細膩的。例如：工作超時晚下班讓小安趕不及公車，阿龐二話不說外套一披、安全帽一拿就抓著小安載她上課；老闆一句話請小安協助搬一箱又一箱沉重報表紙，阿龐手袖一捲替她整頓好。他們越走越近，彼此間的氣氛流動充滿曖昧之意，只差誰先開口讓關係更進一步，展開這段戀情。

有天上班前，小安如往常開著電視播放早晨新聞，等氣象播報完畢確認整天零降雨率，才安心出門上班上學。未料，在她即將結束整天行程之際，突如其來傾盆大雨，身上沒任何雨具的她擔憂該如何返家。她沿著校園走廊躲雨走到校門口，驚見阿龐冒雨前來一身濕、遞給小安乾燥乾淨的雨衣和安全帽。這樣的舉動，在十八歲的小安眼裡看來是相當暖心的舉動，儘管周圍下著雨，仍看得她心花怒放，決定將自己的真心交付給阿龐，當下恨不得早早完成學業，陪伴著阿龐共同生活。

沒有智慧型手機的年代，交流純樸，生活消遣相對單純得多。阿龐頭腦靈光總能變出令小安感到新鮮的約會行程，例如：算準新聞台預報的天文星象遠赴山上觀星、炎夏裡到保齡球館一次享受樂趣和冷氣、想避免人潮又要過兩人世界吃好料就到釣蝦場現釣現吃；若真想不到該去哪約會，索性在柑仔店搜刮一包十五元的零嘴返家看電視節目《玫瑰之夜》消磨時間，阿龐最愛看小安被「鬼話連篇」單元中的靈異照片嚇得花容失色模樣。他們養不起寵物，於是，他們一起養當年紅透半片天的「電子雞」遊戲機。小巧無華對年輕人來說不算奢侈品，日復一日替它們餵食、細心照料即能順利從一顆蛋脫殼平安長大，似乎同時象徵兩人感情能一點一滴逐漸茁壯。

對涉世未深的女孩來講，阿龐對小安的好足以讓她投入所有重心。然而，在交往沒多久之後阿龐收到兵單南下服兵役，那兩年期間軍中公用電話常占滿線，完整的思念只能透過手寫信傳遞。此外，舉凡阿龐休假日，只要小安有空就搭乘莒光號南下高雄，哪怕車程長達五小時，她也從不感到疲累。

好不容易撐過阿龐退役，小安總算是放下心中大石，期盼能和阿龐永遠穩穩走下去。然而幸福來得快走時也不吭一聲，小安發現阿龐退役後三番兩次躲著她，致電到他家中常找不到人，阿龐母親在電話那頭的語氣略帶無奈，與過去對比相判雲泥。

直到迎來阿龐北返後的第一個中秋節，小安再度連繫不上他，於是她終究按耐不住焦急思緒，未先照會他即登門拜訪。開門後，阿龐父母滿臉錯愕，只見阿龐和一位女子蹲在陽台烤肉，小安認得出來那位陌生女子穿的是阿龐的休閒衣，倉猝混亂之餘小安向阿龐確認與陌生女子的關係。突然，阿龐和過去態度丕變，怒吼小安不尊重他，要小安先行離開他家。小安第一次感受度秒如年的滋味，心中有千百個問題想釐清，卻已在她胸口默默貼上眼前所見的答案。

∅

再次回想這段感情她百感交集認為，也許這就是長大成人的好處。誰的錯不重要，分手不必將話說破，兩人就能有默契各自處理情緒，懂彼此內心想說的話。她認為那位陌生女子可能比她成熟有氣質，也或許比較得長輩緣嘴更甜，又或者，是她自己太黏人才讓阿龐有藉口和陌生女子關係漸入佳境。

雖然現在面對家人按三餐明示催促相親找伴，感到有些煩心，但小安自認至今仍無法瓦解心中前人種下的芥蒂，無法給出全部的心意，因為那些曾經被忽略過的滋味，仍時時刻刻提醒著她要保護好自己。

所以，若只因為趨近世俗認定的大齡女子之際，就屈就找伴侶，對下一位伴侶而言相當不公平。對小安而言，與其如此不如將重心放在自身，既輕鬆又不會辜負任何人。

再見小安，她已轉換不同模式編織生活，加強自我認可能力，她花上好幾年時間研究人體解剖學、肌動學、運動生理及重量訓練，最終斜槓成為私人教練，運用閒暇之餘接熟人課程。

小安用自己的方式找到生活重心，證明了即便是大齡女子，生活也能過得精彩可期令人刮目相看。她發願以餘生追求健康身心，唯一要討好的對象只有自己。

Mr. Hsu
Say

一味試探忠誠底線，現在看來或許新鮮有趣不痛不癢。
但是，若你不斷在別人真心上埋下失望鋪蓋灰心，
當心遲早與失意為伍的人，是你自己。

我曾在書上看見「生報應」這詞，那是源自日本的形容詞，字面上解釋非常赤裸我很喜歡。生報應意味著，倘若有個人曾對某人做了些傷害的事，加害者當下心境不以為意，甚至沒有感到任何愧歉，更不認為自己有何過錯，直到某天自己被他人以相對等的迫害對待時，赫然發現當時的自己實在不該，進而衍生出極為深層的愧疚。那份愧疚會像條罪狠狠賜予生命束縛，貼合在心上一輩子，只要還有一口氣，加害者即無法得到真正的快樂和幸福，要一直到他死去才得以解脫。簡單說，所謂報應未必看得見，埋葬內心的懲罰才是活受罪，真正的煎熬。

失足墜落的心只有自己接得住。痛過、哭過的人都曉得，擱淺心底不願提起的事，不見得不痛，也未必已釋懷。算算停滯經營的年華歲月，想想那些流失的時間究竟值不值得。或許，親手埋葬褪色的溫柔，在意識裡逃避瘡疤，對你來說是最好的選擇。

雖說小安無法輕易再為誰動心，不過在她身上能看見對生活的頑強，那頑強精神是任何人拿也拿不走的堅定，是令人欽佩的毅力。因為，她曉得就算是傷得遍體鱗傷，哪怕只是暫時佯裝，都得讓自己有能力起身往前。生命故事歷程中任何段落受阻掉落，也得想辦法換個角度切入，持續生活。要是你不堅強，還有誰能替你堅強？

人在情感路上打滾找方向時，難免賠上自由弄得滿身傷，任何階段結束，都表示重新開啟另一段旅程。成為大人後，我們會不斷感受相遇和離別，那些曾在意的，曾擱在胸口的糾結，其實似乎沒那麼重要，再聰明的人也有看不透的世事，生活再如何智慧也讀不盡人心。

年華流逝面容漸老，任何人都逃脫不掉，唯有時間流逝匯成河不斷沖刷，才能讓我們磨得圓滑，看見自己的真實模樣。臣服於安穩非壞事，只要打自內心接納就能悠然自得，想單身的心態或許是因留戀所致，那些埋進深不見底的黑幕、覆蓋一層又一層不見五指的大霧，等待有天你心地晴朗，自然煙消雲散。

1 4

堅持

對許多人而言，與其跟他們說堅持，不如和他們談轉念。轉個念練習怎麼幫助自己渡過難關，即能找到自己的立足之地。

九二一那年我小學三年級，大麥轉到我們班。他個頭比我大，理所當然坐到我後面位置，剛認識時他上課總板著一張臉，笑也不笑，話相當少。那時期我在校朋友不多，心想既然是新同學，又剛好坐在正後方，不如盡盡地主之誼，和他多講幾句話。上課講、下課講，沒多久我被老師叫到台上，雙手拎水桶搖盪呀盪，半蹲半小時任憑台下同學投射譏笑目光，糗斃了，天下第一糗。

可能是壯烈犧牲罰半蹲的精神感動了大麥，放學後他邀我一同走路回家，我直走他直走，我拐彎他拐彎，我穿巷他穿巷，我終於忍不住開口問大麥家住哪，因為我家離學校夠遠了，怎麼他家還沒到？他批哩啪啦講了一串能寫兩行的地址，我才曉得原來他家就在我家隔壁巷，簡直親上加親，這朋友能不交嗎？交定了。

為了紀念我們友誼第一天，我掏掏口袋抓出大把零錢，全身財產加一加三十元銅板，拉著他到我的祕密基地買一份心頭好鹽酥雞。

祕密基地在我家不遠處的瓦瑤溝便橋上，是一間老闆娘特別善良的鹽酥雞攤。一週去兩次，她知道炸物是家中違禁品、我一天零用錢只有五十元，要去的話必須很省很省，才能買得起一包三十元的鹽酥雞。老闆娘心疼我這個熟客小男孩餓肚子，偷偷替我加大，變成五十元鹽酥雞，自此之後鹽酥雞攤就變成我的祕密基地。

大麥和我捧著鹽酥雞分食，品味夕陽搭配美食的美好。他踮起腳望著瓦瑤溝，問我不覺得瓦瑤溝臭嗎？連續吞下兩顆鹽酥雞後，我清了清喉嚨說：「臭啊！臭得沒天理，但鹽酥雞蓋得過一切。」大麥和我相視一眼，同時大笑，開心得像撿到了GAMEBOY。

一直到高中前我們都讀同間學校，高中後我往職校發展，大麥則資質好考上名校。雖然上高中後我們聯絡不頻繁，但幸好我和大麥住很近，如果能湊在一起，就是沒時間概念地聊天、打撲克牌混整天。

可能是他的高中同學比較活潑，快畢業那陣子和大麥碰頭，他總不經意脫口些荒誕搞笑事蹟，像是和同學半夜翻牆跑回學校、把飲料機飲料搖出來喝，技巧倒是挺好，竟然沒被教官抓包。到他的租屋處去，永遠有堆成山的飲料能喝，嘴上邊說他無腦、邊感激他貢獻飲料。

雖然大麥考上名校高中，但意外地沒有考上大學。之後他努力了兩年重考仍沒考上，於是他決意放棄升學這條路，踏入社會開始工作。之後，我們各忙各的生活，沒那麼常聯絡，但感情依舊不錯。

大麥剛出社會時在電視台當業務，跑各產業找客戶，找尋有意在台內以各種節目型態合作的對象。然而業務性質工作並非人人都好駕馭，即便一時駕馭得了，也未必日日順利。在這行跌跌撞撞幾年，大麥覺得要成就感沒成就感，要業績不如同事亮眼，要人脈也沒太多穩妥的交情。

話雖如此，大麥依然有一大收穫，就是在電視台工作時期結識了未來老婆音音，兩人熱戀得密不可分。人總說狡兔不吃窩邊草，那麼大麥肯定不是狡兔，是一隻扎扎實實的無害兔子。

年少氣盛說什麼都是對的，想什麼都是熱血沸騰的，或許是大麥正直性格拋出了可靠魅力，他們交往得很順利；在大麥工作不如意情況下，他們雙雙離職，批貨到夜市擺攤，俗話說「比翼雙飛鳥，相伴不分離」大概是這意思。

現在的夜市擺攤制度如何，我不清楚，但大麥跟我說那時擺攤是期間抽籤的，整年度抽到哪就到哪擺攤。有次大麥抽到我家附近夜市上工，我一下班便繞過去探他們班，一個攤位不大但陳列得巒精緻，賣的商品種類不算少，從流行飾品到鐘錶都找得到。但說實話賺頭不太多，賺到最多的或許是小倆口之間的信任與默契。

平心而論，擺攤討生活毅力要夠強，耐心也要足夠，要是住內湖抽到永和、住新店抽到淡水，往返時程長說不累大概也是騙人的。其次，在戶外風吹雨淋，無論什麼季節，賺到的每一塊錢都裹著汗水；那段時間大麥和音音真的挺辛苦，他們卻能維持好長一段日子，我由衷佩服。

之後，他們好不容易存了點錢後，在旅遊勝地開了間野菜餐廳，賣土雞、賣熱炒、賣野菜，大麥校長兼撞鐘，自己招呼客人自己當廚師炒菜。小本經營開業五年後，認為交往好一陣子，是時候穩定下來給彼此一個家。他們都深知，無論苦樂都並肩走過著實不易，情人間交得出全心全意，便能住進心裡廝守終生，大麥與音音結婚了。

∅

「人善被人欺」用在大麥身上一點也不為過。觀光區人潮多，鄰近的餐廳也越開越多，競爭十分激烈，他為人和氣謙虛，卻常有店家耍小手段刁難，競業間眼紅出手算正常可理解，扯的是連管理委員也選邊站對付他們。大麥曉得在利益衝突上，怎麼談都是不公平的，眼看生意越做越委屈，趁孩子出生前搬到市區另起爐灶，省下勾心鬥角的利器來好好照料妻小，對他來講實際多了。

但，這世界有很多東西，細微難察覺，不經意就落地成一道道關卡。

在科學園區內開一間便當店，乍看之下似乎挺不錯，上班族工作日穩定，收入穩定，便當店業績照理來講也是穩定的。但實際上，卻沒有想像中的順利。

便當店有兩層樓，一樓做生意，地下室是大麥一家人住的地方，小小的擺張床和書桌，簡單的衛浴設備。我吃過幾次大麥便當店的飯盒，雞腿飯、排骨飯、燒臘飯、油雞飯、五花肉飯都好吃，可惜開在巷子裡，房租卻依然高得嚇人。他們經營後發覺生意普普，出去的成本永遠比收入進來的快，經濟壓力之龐大可想而知；坦白講音音蠻偉大的，可以跟著大麥吃苦好幾年，肯定非常愛他。

一間店生意遲遲沒起色、沒有用有效方式解套的話，開一天就是賠一天，大麥的店就是如此。終於，大麥撐到好累了、連掙扎也感到無力，他開始借酒澆愁，收工後直接到地下室在妻小面前喝得醉醺醺才能入睡，這讓深愛他的音音情何以堪。

倘若世上有幸運之神，祂一定不知道有大麥的存在。再偉大的愛情見不到明朗未來，如同行走蒼茫沙漠中看不見盡頭，終會身心俱疲無力應對。踏入婚姻好幾年之後音音才領悟到，一份關係光有愛和責任是撐不住的，一旦沒能力滿足內心初步的需求，給再多愛都是枉然，最終，兩人離婚散了多年婚姻，而孩子的撫養權歸音音。

那陣子大麥一蹶不振憂鬱到谷底，何止借酒澆愁，他簡直在酗酒。一間店要開不開，成天窩在地下室喝酒，有次喝太醉下樓梯還摔斷腿，整隻腳包得像木乃伊一樣！老婆孩子離開對一個男人來講打擊當然大，可是日子還是得過，好幾次去探望他，好言相勸把生活過好，才能考慮其他的。然而，人在某些迷惘時刻會難以跨越的，其實是憂鬱和躁鬱齊力攻擊身心，這個時候，即便旁人再怎麼鼓勵都是沒用的，別說幫忙，一點力都出不上。

Ø

至今我仍印象深刻，是一個假日早上，大約是七點前後音音打電話給我，一聽她聲音在哭就知道情況不對勁。我才明白原來很多時候，說再見是困難的。

大麥自縊那天是離婚半年後的日子，事發現場他的媽媽弟弟都到了。每個人哀傷低落，卻又無形透露這其實在意料之中，沒有討論怎麼會發生這樣的憾事，只討論後續該做哪些事。他的喪禮辦得低調，一切從簡，就像他走的那天，安靜得無消無息。

其實我相信大麥曾經說服過自己，要自己別再負面下去，否則不會開著一間只有一人經營的便當店，撐了半年才選擇結束一切。回想整個事件，最有感觸的是最後在送大麥的時候，他弟弟告訴我，兒時玩在一起的時間，大概是他人生中最快樂的時光。

那段無憂無慮的快樂時光過去以後，每天為生活、為賺錢而努力，明明受了很多折磨，不斷不斷碰壁，還要告訴自己沒關係。聽著聽著鼻頭冒出一陣酸，不曉得眼淚該往哪裡放才好。這些年匆匆過去，他抱著那麼多自卑，揹著那麼重的遺憾，原來快樂離大麥那麼遠。

至今，我仍會想起和大麥並肩站瓦瑤溝便橋上，那畫面暖光煦煦，被保存好好的，像永久不變的道理，在那我們不必傾訴，不用安撫，不需議論，只要安靜回顧，然後傻笑停在這個地方。

「你不覺得瓦瑤溝臭嗎？」他眼裡映著無限未來。

「臭啊！臭得沒天理，但鹽酥雞蓋得過一切。」我笑得天地不怕。

我在那刻，笑得如同對未知毫不畏懼，天真地認為善人必有福報，傻傻地相信越挫越勇，愚昧地以為當下擁有的能蓋過一切。

可是大麥，為何我們的快樂沒蓋能過你的悲傷呢？

常聽到「你要堅持，撐久了，一直挑戰，就會看到光。」
然而，
當我們看盡人生百態，有的人生再怎麼闖就是如此、
怎麼繞就是沒那道光出現，
難道，
已經撐得滿目瘡痍、憂鬱得六神無主，
還要繼續堅持什麼嗎？

確實，無論如何我們過去都有隱隱約約的憧憬，在涉世未深的時候，說起未來是笑的，人人都能侃侃而談、懷抱滿腔憧憬。但正式接受社會洗禮後才明白，原來那些侃侃而談的理想，有時摔得粉身碎骨之後，也未必能換來一場救贖。

我相信，大部分的人在還沒正式進入人生之前，會講上數百個對未來的夢想、能提出上百個未來想成為的人。可是，真正踏進人生後，會發現自己沒成為那些人，到頭來才發現自己跟夢想毫無瓜葛。那種落差感、一直翻不了身的壓力纏繞一身形成憂鬱。對人生的失望、對生命的無奈接踵而來，每想起一秒都是煎熬。

人總說想幫助憂鬱症的人，傾聽是最好方式，可是真正重度憂鬱的人，著實封閉到不行，連傾聽他們的機會都不見得有，有時，任憑誰都闖不進去他們的世界。

直到現在我熟識的憂鬱症、躁鬱症的朋友，才發現他們面臨的是漫漫長路，彷彿他們身上永遠帶著感冒基因，一旦不小心發燒，只能陪伴他們渡過每趟不適，要他們痊癒幾乎是不可能的事情。

堅持這件事，真的不是人人奏效，對某些人而言，與其跟他們說堅持，不如和他們談轉念，轉個念練習怎麼幫助自己渡過難關。前方這條路走過去，你發現各種阻礙擋得你寸步難行，硬著頭皮可能連命都不保，所以該放就別撐，見過幾次阻礙就要曉得如何退，要知道最大損失頂多是回到原點重新走別條路；時間是我們公平的資產，不是嗎？

親愛的你，不管目前過著什麼生活，請不要覺得孤單。我曉得這座城市豐腴得令人唏噓，每當寂夜湧動，你我在黑幕中各自成為一顆星，別認為自己停在原地無法前進，其實你這一生都在緩緩走過星動痕跡。別羨慕其他星辰耀眼動人，在生命歷程裡，你早已發出陣陣暖光，從未泯滅。

15 承認

曾經，我以為歲月流逝不痛不癢，直到面對生命的殞落，才承認那終究是件悲傷的事。人生短暫，在死亡面前人人都是無助者。

加護病房如戰場，是病患和意志的交戰、是病患和身體的交戰、是護理人員和時間的交戰；所有生離死別下的恐慌無助、無條件的支持、無私散發的溫暖、人性深根的自私，在加護病房內，一覽無遺。在那裡，醫護要以各種方式製造病患活命機會，步調匆忙外，還得承擔不確定性所產生的壓力。

在加護病房工作六年的如心，說起成為護理師的動機，她坦言起因是不愛讀書、不想讀私立高中才跑去讀護專；不曉得該如何抉擇人生道路，才選擇護理這條路。同時，也藉此滿足她青春時期想離家的叛逆感。護專畢業後她自然而然就投入加護病房護理師行列，開啟她的救命職涯。嚴格算起來，起初確實略帶「不得不」的成分進入職場；話雖如此，這份工作帶給她的使命，已超越當初的起心動念。

如心形容自己是個很怕死的人，搭電梯怕突然掉下來、在高速公路上想著會不會出車禍，或者突然地震房子垮了；她會想要是突然走了，她熟識的人是不是會感到很難過，是不是該先跟身邊的人多說點什麼、多做點什麼？所以，剛開始在加護病房面對死亡，如心其實很害怕。「病人就在我面前斷氣，我嚇傻了。」她滿臉激動地這麼告訴我。

話雖如此，她認為出了社會、投入醫院團隊行列中，就要找一份具有挑戰性的工作：「加護病房感覺是我該去的地方。」她堅定地向我這麼說。在當中看到很多事情、感受到的許多體悟，遠比她想像的多太多。她也沒預料到，那些歷歷在目的事，能讓她在護理的路上更確信自己揮灑無私的愛、關懷奉獻，是不必懷疑的。

在如心上班的加護病房有一句話是這麼說的「病患不是上去就是下

去。」意味著病患不是好轉往普通病房送，就是往太平間送；他們當然殷切盼望病患都能順利轉普通病房、順利出院，不過加護病房收治的全是重症病患，經常無法如願回家。

此外，如心也感嘆通常醫師不會特別跟家屬說 DNR（Do-Not-Resuscitate，不施行心肺復甦術）的過程和原理，家屬想急救就幫病患急救，因為那終究是醫師分內職責之一。不過護理師不同，會分析詳細後果給病患及家屬聽，而大部分人聽完後，多半會因不捨得讓家人痛苦地走，而選擇 DNR。

她不認為那是「放棄急救」反而是選擇放過自己、放過自己的親人。在簽下 DNR 剎那，確實會認為自己做了件很不對的事情，會認為自己背負罪惡感，這些都是正常的。畢竟是親人，多數都希望能陪伴久一點。「躺在病床上的人是你最了解的人，做這決定未必是害他，反而是幫他。」如心說，多數家屬在簽的時候會痛哭流涕，儘管是不熟識的人，有時家屬落淚她也會跟著流淚，因為她也幫自己的爺爺簽下 DNR。

我同樣認為 DNR 有時是病患的福音，如果已經殘破不堪，何必勉強自己、折磨家人，照顧病患真的是非常辛苦的事。況且有些幾十年不見的家人全在病危時出現，說好聽點要救活自己家人，但主要在照顧的往往不是那些出張嘴的。

∅

回憶眾多病患中，就屬一位七十多歲阿嬤讓如心萬分不捨。

阿嬤是因為大腸疾病開刀醫治，原以為開完刀就能治癒，豈料病情卻找不到原因不斷惡化，她反覆解血便被送到加護病房；若要加以想像，如心形容就像很深的豬血參雜石榴果實，不斷解出來，一次解一公升血便，量大到溢出病床、流到床下。解出多少血便就要輸入多少血液，否則會導致失血過多死亡，就算已在出血點做栓塞，輸血速度仍趕不上解血便速度。病情惡化兩個月，已達醫療極限，再如何悉心照料，阿嬤最終還是細菌感染走了。

此外，護理師做久了，遇到的荒唐事也多。令如心深刻的是，曾有一位高齡八十的阿公已經宣告辭世，醫師在醫學層面上也判斷救不活，只因財產關係，家屬吵著要救到其他兄妹來分置家產，人工急救三十分鐘、最後還裝上自動心肺復甦機，不間斷壓胸實施心肺復甦術，如心扶著機器讓其持續壓著病患胸口，如心難過說：「阿公都被壓到七孔流血、血糞四濺。」家屬還不肯罷休放手，只因家產分配不均。

最後因為輸液關係，導致阿公的臉翻黑腫到不行、眼皮早沒作用，已停止呼吸了還無法闔眼，說穿了正是「死不瞑目」狀態，她一手扶著機器一手替阿公擦拭肌肉擠壓流出的眼淚，任憑醫護怎麼解釋，家屬仍在外頭叫囂要讓阿公醒來、意識清楚地分配家產，荒唐至極。

其實，說到「硬要救」情況，不僅發生在家屬身上，同樣也會發生在醫師身上。如心提到，有名身為副院長的腎臟科醫生，無法忍受自己無法救活腎臟癌末期的病患，硬要實施急救，那名醫生向如心再三吩附：「不要停繼續救，不要跟家屬說救不活。」

心肺復甦術壓完依舊沒生命跡象，醫師下令：「再壓半小時、再給他一劑強心針」身旁護理師光用看得就感受到痛苦，可想而知患者自身有多痛。事實上，在病患尚未病危前，家屬已經有意願 DNR 讓病患免除痛苦，只差最後一步簽名，如心說：「不曉得是誰放不下，放不下的是病患還是尊嚴？」

∅

除了遇到無法控制的荒唐事，如心也有相當自責的情況。有位四十幾歲的腦瘤病患，因血壓太低住進加護病房，早在入院時就簽下 DNR。如心照顧病患三、四天後感覺病情又好轉許多，可以講話、喝水、三餐都正常、表達和意識都相當清楚，在醫師評估後認為病患穩定度已達能轉普通病房程度。而轉病房前一天，如心跟病患太太說：「如果太忙就可以不必來看老公沒關係，你老公預計明天十二點轉普通病房。」

豈料轉病房當天上午十一點多，那位病患深深吸一口氣，心跳忽然一路驟降，旁邊的專科護理師慌了，作勢要實施CPR、打急救藥物，但基於尊重病患和法律，他們不能實施急救，何況他們不曉得救回來之後，會不會惡化變成植物人、延伸其他問題；病患狀態是好是壞都不知道，大有可能比現況更糟，就這麼拖著這副身體過一輩子，要是不幸如此，醫護該如何更改病患親自做的重要決定？

親睹沒有起承轉合的生命殞落，如心說：「生命瞬間就沒了，除了錯愕沒有別的想法。」她也相當自責沒讓夫妻見最後一面，後來病患妻子得知消息，反過來安慰如心：「仔細想想，或許那段短暫時間是迴光返照。」至少丈夫是走得舒適，不是受盡外力的煎熬。說到底，面對重症病患，誰都算不準離開的時間。

如心笑自己太愛聊天，聽到太多想消化掉卻像胎記般落在腦子的故事。有時視病猶親，身陷進情緒太久，無法走出那些傷痛。如心說，如果不知道那麼多病患故事，或許她就不會那麼難受，但換個角度思考，聽病患說說話，他們心裡應該也會好過一些吧？

尤其是獨自住院的病患，要承受巨大的孤獨，內心的恐懼不曉得向誰訴說，與護理師分享心境對病患而言，或許也是減輕壓力的最好方法。

Mr. Hsu
Say

:

你們陪伴一個脆弱的人走過的日子，
也許是他們此生最艱難的時刻。
他們的需求無底線，而你們的付出亦是無上限的；
若不是你們篤定站在那裡，
或許他們的真切情感便無從表達。
我沒有體會過生命盡頭譫妄之際的感受，
但我當過無助患者，曉得那種孤立無援的感受。

在與如心聊天的過程中，我能明顯感受到她對醫護的執著與理念。人生必定走向告別，醫護的誕生或許不僅是為了拯救生命，醫護中蘊含的意義更多的是尊重生命、減輕病患苦痛；醫護的出現，絕不是將病患的煎熬，百轉千迴地延續。

隨著醫療進步，科技設備救到底的使命、家屬硬要病患從鬼門關前攔截回來、長期無意識臥床與管路共度餘生，那真的能讓人快樂嗎？然而我們「生活」定義究竟是什麼？或許，人總說要尊重生命，卻時常弄不清楚尊重的定義。

聽力是人類停止呼吸心跳後，最後消失的感知功能，耳朵在約莫二十分鐘內，仍能將資訊傳遞到腦中；換言之，當一個病患被宣告死亡後，旁人所說的一字一句、每聲哭泣、每聲喧嚣，病患的耳朵知道，大腦也知道；若世上存在著靈魂，靈魂也知道。

停在記憶的畫面，不是因記得才留存，是因為經歷過才完好如初放在腦裡。曾經，我以為歲月流逝不痛不癢，直到面對生命的殞落，才曉得那終究是件悲傷的事。人生短暫，我們活著就這數十載，在死亡面前人人都是無助者。

我們親眼見的、親耳聽的一篇篇故事，都能反映在自己生命中不同階段，人總是在懂了死亡後，才學會怎麼活著。也許我們都該重新思考，何謂生命、何謂尊重生命、何謂好好愛重視的人，即便知道殞落是件悲傷的事，依舊能正視生命。

幾年後，聽如心說，她結束加護病房工作後，暫緩腳步去了澳洲一年，追了三次南極光都沒追到，她說還能休息的話，想換追北極光。她修復自己身心，提著歡快的心重返醫療體系後，成為研究護理師，執行許多不同類型的研究專案，在社會福利上努力付出貢獻。期許有天，她能如願追到心心念念的北極光。

16 愛情

寂寞是愛情的起手式，多試多錯不要緊，過程中成長了收穫了，就是合適的路徑。

辛西雅是個從頭到腳、由裡到外裹著陽光的女生：健康小麥肌，微結實勻稱體態，一頭深金色俐落髮型，燦爛如盛開花朵的笑容。我和她是在某場飯店舉辦的萬聖節派對認識的。或許是因為職業是行銷公關的緣故，辛西雅總能以最快的速度與人打成一片，從完全不認識到談笑風生短短三分鐘；她有股拒絕不了的魔力，她的談吐、她的肢體散發自信柔美的神態。

開始寫專欄文章後，偶爾收到朋友心事，多數是感情問題，像是無力的「忘不掉前任怎麼辦」，趕著青春的「如何向喜歡的人表明心意」，氣憤到能煮水的「抓包男友劈腿要不要原諒」，傷心絕望如乾涸大地的「如何走出被分手陰霾」等這類型的困惑。

直到那封訊息之前，我原以為生性開朗的辛西雅，人生有如一條暢通平坦道路，油門踩穩就可以駛得順利；即便遇幾次窟窿挫折，也能笑笑說自己沒事。

「你支持我做未婚媽媽嗎？」那晚近凌晨三點，迷迷糊糊瞥見，睏意瞬間消散雲煙，二十五歲啊，正美麗，正燦爛，果然是辛西雅作風。

在那之前，有段時間辛西雅常向同事抱怨身體疲倦，提神飲料不離手，維生素B不停補充，甚至在一天內喝下五杯咖啡。而她大咧咧個性，一忙起來便忽略身體狀況，回過神才驚覺自己月事遲遲沒來，心想可能是平時飲食控管過了頭，生活作息不太正常因的關係，所以她開始葷素不忌什麼都吃。過去她為嚴控身材計較養身，絕口不碰冰品，有天竟然破例跟著同事買果醬剉冰，一入口中不得了，簡直好吃得升天，一旁同事看他一口接一口，吃得津津有味，調皮說句：「去買驗孕棒吧。」氣得她整天不說話。

一直到她某天起床，換衣服時站在落地鏡前，看自己微微凸起的腹部，才看出肚皮已悄悄隆起。回憶起同事那句玩笑話，她半信半疑買了驗孕棒，果不其然出現兩條紅線，驚慌之餘她仍不太相信判讀結果，於是請半天假到婦產科檢查確認，等了一陣子結果出爐，懷孕四個月。

職場朝夕相處，同事也看得出辛西亞肚皮變化。

同事又順口問句：「妳真的不買驗孕棒？」

她直接了當表明：「驗了，四個月。」

同事得知她懷孕後，一面道賀祝福，一面問現在孩子幾個月，一面碎念辛西雅不夠意思顧約會沒介紹男友。辦公室幾個同事圍繞她身邊，句句離不開孩子和男友，接踵而來問題，聽得辛西雅耳朵瞬間長繭。於是，她言簡意賅丟出：「未婚媽媽自己養，其他的不許問。」辦公室瞬時安靜得像一面湖，眾人摸摸鼻子回自己座位。辛西雅曉得孩子父親是誰，可惜那男人給不起肩膀。

∅

不少公關職的人社交圈是活躍的，辛西雅也不例外。剛認識那男人時，他是聚會上一群朋友內其中一個男人。辛西雅認為他與滿街男人差不多，記憶點不深，多了點可愛笑容罷了，沒特別想進一步認識。聚會後鳥獸散，朋友們各自回家休息，她見男人在人行道抽煙，正好對到眼，辛西雅便點頭示意作勢離開，但男人熄了煙蒂，上前向辛西雅攀談，談吐間她認為男人有種淡淡的紳士魅力，恰好是辛西雅中意的類型。

男人找她到酒吧續攤小酌聊聊，男人逐漸對她敞開心胸地聊，透過深聊辛西雅對這男人開始有一點好感。她也開始聊起自己的事，聊工作、聊生活、聊過去前幾任男友、聊各自感情觀，聊各自目前感情狀態。

辛西雅是EQ不低的人，也能洞察一個人談吐釋放的點滴，大致勾勒其隱藏的性格，那晚他們還是散去，不過是盡興地散去。各自回家前他們交換了Instagram，男人說，如此一來他們即能見到彼此生活，企盼能更了解彼此。辛西雅笑得很開心，整顆心都是亮的，這男人果真紳士。

幾次約會下來，算算他們見面頗頻繁，可能吧！正是這點令辛西雅多了些安心。推開回憶的門，她在家枕在男人胸口輕聲問：「我們這樣算在一起嗎？」

男人撫著辛西雅髮絲笑笑：「妳認為呢？」

他們的濾鏡裡不須解釋太多，即能心照不宣，辛西雅捧著極限的愛，放逐所有柔軟溫暖，拋開曾經萌生的忖度，將信任託付給夜與男人交纏一起。那晚她把心跳送給了他，他把心動遞給她。

∅

知道懷孕那場午後，她伴著期待又不安心態踏出婦產科，邀男人外出一趟，欲告訴他有孕事實，那終究是男人該知道的。他們約在男人公司鄰近的咖啡廳，辛西雅幾次深呼吸，不假思索地說出懷孕四個月。

然而，她察覺得到，男人渾身不自在；她察覺得到，男人眼中游移著像拼命思考千萬藉口好脫身，停頓幾秒鐘有如幾小時「我還要忙，約明天下午碰面吧。」男人說。

辛西雅記得透徹，依循那句承諾在說好的地點她等待許久，熱茶一杯一杯送到眼前，但飲入口中滴滴都像酒一般酸澀。

等候許久的訊息響起「我不希望老婆傷心，對不起，我對不起妳。」她拎著失意身軀離開失約地點，關上手機螢幕那刻，天空如此湛藍，明明拂過的風那麼潔淨美麗，怎麼會那麼傷心，辛西雅有股掉淚的衝動。

原來，喧鬧城市不缺寂寞人，她是男人抵禦寂寞的一個女人，不確定除了辛西雅外，還有沒有其他被視為排解寂寞的對象。

她不是沒替自己想過，她也想過據理力爭，想過替自己和孩子討公道，想著想著，那男人的老婆終究不曉得來龍去脈，就算爭到底，對另一個女孩並不公平；與其鋌而走險使她受傷害，不如捨去那黑洞般的感情，當他是匆匆來過的路人。

再見辛西雅已是一位可敬的未婚媽媽，她認真算算收入過得去，笑著說幸好過去沒亂花錢，多拼一點少花點就能養起孩子。在孩子出生前她並非不害怕，因為比起心魔揪著膽害怕，她更好奇自己孩子長什麼樣子，而自己又是個怎樣的媽媽。

她向身邊親友坦承自己處境，身邊的人各個都給予她極大的支持。可能是辛西雅的性格，重新站起來的時間比她預設的還短，因為她曉得，即便失去一個人，周圍還有許多人，聲聲問候都是一場場甘霖，打濕所有乾燥情緒，滋潤那快要枯萎的冀望，揹著冀望運行未知軌道，眼前幕幕是瑰麗暖陽。

Mr. Hsu
Say

未婚媽媽不是一種錯，也不會是個問題，
只是面對到不同挑戰；
只是在追尋幸福路上遇到不對的人而已，沒有對錯之分。

別因站起的勇氣，感到不自在，
不管已婚未婚，養孩子都是堅強的；
只有自己知道，現有的幸福是靠自己抓住的，
因為與孩子間有愛，那份幸福就成立。

那句「你支持我做未婚媽媽嗎？」彈出螢幕映入眼，老實說，當下我真不曉得該不該支持，這輩子我不可能做未婚爸爸，比較難理解辛西雅的困惑。不過，有次我問一位離婚的單親媽媽，想不想再踏入婚姻？她一口否決：「現在負責任的男人不多，我遇到的男生，不是心智不成熟，就是價值觀天差地遠。」

單親媽媽那番話點醒我，要是再問一次：「支持我成為未婚媽媽嗎？」支持，百分百支持！以辛西雅性格，未婚一點都不可怕，認真比較起來，那個男人擁有的「偽單親」關係比較恐怖。身邊明明就有一個人，心還常常不在家中，同床異夢成為熟悉的陌生人，有那段關係，簡直是夢魘。

每場幻滅都會迎來新的開始。後來的自己，曉得能努力的有限，既然生命中不可避免後悔，那就儘量做到讓自己不那麼後悔就好。即便走入婚姻，可能成功幸福，也可能失敗離婚，所以只要相信每個當下的決定，都是對自己好的決定，就好。

沒經歷過的人生永遠是不可預料的，單單是交往與同居，都是兩碼子事了，何況是結婚面臨的疑難雜症。人在年輕時，以大把時間去追想要的事，多試多錯不要緊，在過程中能一次一次成長，就是合適的結果。

17

慈悲

社工拿自身作工具，投入個案的世界裡，付出同理、同情心輔助對象，卻同時也留給自己不為人知的偌大焦慮、恐慌和憂鬱。

社會工作師，人們簡稱他們為社工。在這形同偌大藩籬的社會中，扮演著既溫柔又堅定的角色。他們的職業傷害往往刻在心底，不易被人察覺且深深影響自己。他們是多數大眾不太理解的職業：不斷關心人，卻鮮少被人關心。

他們如同醫生，要不斷拜訪累積個案經驗，再透過經驗積累轉化成未來資源；如同律師，要考取專業證照，且進入機構服務的錄取率低，推敲下來平均百人才錄取十人；如同警察，時常拜訪危險和暴力家庭，服務的是被社會忽視的角落，接觸貧老孤殘的個案數不盡。他們是社工，是扶持社會弱勢族群的戰士。

∅

睿慈在社會工作領域十六個年頭；她進入大學前本來想像中的校園生活，是和一群對「生物」志同道合的朋友，以如火的熱情研究學問，發掘生物中的奧妙樂趣。可惜她自認理科不夠優秀，在選填大學志願時，發現有社會福利學系，她驚訝竟然有個科系讀完後能幫助人，雖然那時還不曉得詳細工作內容，不過她明白這是一份與生命緊緊相連的工作，完全符合她理想範圍內的科系。睿慈幽默說：「我把全臺灣有社工系的學校都填了！」就怕自己落選。

睿慈在兒童機構裡工作，服務的不全是兒童，實際上共同工作的對象是家長。同樣身為單親家庭長大的孩子，她很能體會單親的苦衷，比如說，外界會指責媽媽、學校老師可能會認為「這個媽媽怎麼把小孩照顧成這樣？」等對於單親家庭的誤解。

事實上，許多社工內心都有替代性創傷，那些傷是不太可能癒合的，多數跟著一輩子。

∅

距離現在至少十年以上，睿慈剛畢業當上社工的時候，提著滿腔熱血服務一個家庭，其資料記載尚未達兒童虐待程度，不過是被通報進機構的，意味著這是個高風險家庭。社工進行拜訪時可能面臨暴力畫面，或者自己身陷危險中。

她還記得，印象很深這件個案家中有三名成員，分別是爸爸、媽媽及孩子；爸爸常喝醉發酒瘋，會怒罵孩子、毆打媽媽，該家庭被機構評估，雙親已無法給予孩子妥善的照顧。某天，那位媽媽打電話給睿慈慌張求救，表示丈夫又喝醉了，甚至拿刀揮舞恐嚇她及孩子，她不曉得還能求助於誰。睿慈說當年自己相當有衝勁，接到電話後她請一位男同事陪伴、立刻衝到現場給予協助。睿慈一到現場不斷著急敲鐵門、隔著門表明身分請爸爸開門，想進去瞭解狀況。

睿慈貼著門、敲了好一陣子，個案爸爸措不及防開門，睿慈頓時重心不穩往前顫了一下，她驚見爸爸拿著刀、兇狠瞪著她和同事。在小坪數套房中，求救的媽媽沒得躲、神情無助害怕地蜷曲房內角落。睿慈餘光一直看到那把銳刀，她和爸爸只有一個便當盒的距離，她半句話都來不及說，爸爸就把門關上。

他們在門外準備報警時，爸爸突然門打開，把媽媽和小孩推出來大喊「你們滾出去！」睿慈和同事趕緊帶媽媽去警局做筆錄，他們建議暫時進行安置，不過媽媽表明不想被安置、不想去任何闢護所，深信自己丈夫酒醒後就沒事了。

經歷那天之後，睿慈到任何地方去，只要不是在她自己家，在外面都會帶著恐懼。她說：「我不曉得每扇門打開，後面會有什麼等著我。」要是當天那位爸爸一開門就持刀捅她，她根本無處可躲，要是她真的遭逢什麼意外，她人會在哪裡、過著怎樣的日子？她無法想像。

此外，睿慈心理常受到投射反應，無意識與陌生人產生連結共振，進而造成移情作用。

印象裡她有個服務很久的對象是單親家庭，那位媽媽相當年輕、從事特殊行業，需要陪笑倒酒賺錢。孩子白天上課、晚上獨自在家，只能自己照顧自己，在家無聊就跑出去閒晃，到超商看見喜歡的玩具零食，沒錢買就用偷的，被店員抓到即報警處理。媽媽到警局接小孩回家後氣瘋了，她生氣喊：「叫你不要出去又出去！」拿掃把打孩子、打得孩子頭破血流送醫，之後不得不替孩子找寄養家庭進行安置。

睿慈同樣由母親獨自撫養長大，而那位媽媽的年齡與睿慈相同，相處時間久，她自然明白媽媽絕非有意虐待孩子。她很清楚年僅二十歲單親媽媽的無助感，她也明白以陪酒賺取生活費和孩子教育費出自不得已，是暫時找不到別條路可走才選擇陪酒這條路。只是，孩子必須在安全無虞環境中成長，直到媽媽生活穩定，孩子才能回到媽媽身邊，她無奈：「在我和社會局協助下，強制把孩童帶離媽媽身邊。」睿慈百般不願，但別無他法。

∅

睿慈說社工的工作壓力是不斷往上積累的，那份壓力出處是自己賦予自己的使命感，許多情緒不易被覺察。她坦言服務單親媽媽那段期間，她的情緒沒有完全切割，導致心理狀態不是太健康，造成移情反應，把他們的事情當作自己的事情處理。不過或許是那份移情，單親媽媽才獲得更多鼓勵，才願意花時間重新站起來，好好打理自己的生活狀態。

睿慈向來是知足且樂觀進取的人，同時深感生命的可貴。她懂世上許多事情並沒有想像中的那麼重要，也許牙一咬、堅持一下忍耐一下就過了。入行十六年經歷各種挫折，曾經服務好一陣子的個案發生憾事：一場瞬間大火無情奪走孩子珍貴生命、已經結案並搬離服務範圍的個案，相隔多年突然憂鬱症病發自殺身亡。

她見過無數家離子散，看透無盡悲歡離合，她仍然驚恐難受，畢竟那全是熟悉的面孔、是近在咫尺的人。她不是冰冷機器，沒有鐵石心腸，錯愕後也會產生正負聲浪「之前我的努力都白費嗎？」、「他們答應我的事都忘記了嗎？」、「不痛了，我知道你對這世界很失望。」、「好好走，你終於解脫了。」

站在社會的另一端，她看著一場場血淚無止盡捲起，大多時候生氣大於恐懼，她氣環境如此惡劣，怎麼幫助他們的人少之又少？她氣自己已經耗盡心力、投入大把時間和資源，怎麼那些人仍然無法得到好的照顧？她既生氣又心疼。

反觀睿慈成長的過程，單親家庭長大的她擅長扮演照顧者。她在家庭中做足姊姊、女兒各面角色，她照顧家人、照顧弟妹、照顧朋友、照顧個案，可惜在那一路上都沒被她最尊敬的媽媽肯定，有時她也會一股怨氣衝腦門、對媽媽怒吼：「反正我怎麼做都不對啊，無論如何妳都不會肯定我！」一句心聲道出所有長子長女的難處。

睿慈雖生性獨立，可是回到一個人時刻，她同樣需要被人照顧、被人關心、被人疼愛，她自認「付出」與「回報」在她身上沒有呈現良好平衡。她害怕孤獨，沒辦法撐起一個人的生活，她很明確曉得自己需要的是「屬於自己的一個家」且渴望被關愛。

Ø

所謂替代性創傷、投射反應、無意識連結共振造成移情作用，這些在社會工作師身上其實並不少見。閱讀相關文獻後，我才曉得那些對社工無形的職業傷害，有些能適時從內心排除，有些則是跟在身上終身無法剔除。

睿慈之所以能知人所感，並且感人所感，絕大部分源自她的原生家庭，從小媽媽對她的期許、弟妹對她的倚賴；看到個案的處境時，她便能以設身處地的立場，體會對方心境的心理經歷。

社會安全網的破洞難以縫補，社工接觸社會陰暗角落，拼命用手去接，疲累又無力，卻不像警界人士有防身武器；他們拿自身作工具，投入個案的世界裡，付出同理和同情心輔助對象，卻留給自己偌大的焦慮、恐慌和憂鬱。

慈悲者仍需被理解、察覺他們的創傷。

社工不是神，卻能以善良同理心，伴受苦的人走一程。

他們經常單打獨鬥，一人負擔十幾個家庭；

他們需要的是被大眾看見並支持、認同且散播。

放大鏡下看他們的慈悲，是以自身的焦慮恐慌換來和平。

為兌換更多的明亮自由，他們選擇擁抱鋒利的危險。

如同一個團體，當中認真付出心力的成員，正面臨難以消化的困境。他需要被人察覺、被人耐心聆聽，站在不同角度看待同件事情，才能體諒彼此的辛苦，讓情緒得以宣洩，藉此有能力面對充滿變數的未來。

理解的背後其作用是療癒。當每個人都能以同理看待事件，就像醫師替病患看診，瞭解其痛苦，充分給予治療和空間，就具有療癒作用。

那天和睿慈聊完，我問她如果我是他的學弟，她能給我什麼建議？她認為社工是讓生命豐富的工作，但這份豐富並非財富，而是會看見和自己生命不一樣的人生故事，會讓人生厚度變厚，會看見世界有很多不一樣的人，原來，很多角落藏著許多感人故事。如果對這些豐富的角落有熱情，便能天天過得富足。

當我們獨自面對艱難無助的海嘯襲來時，身旁任何人的出現都會被視作漂浮木，作用雖不大，至少能陪你漂浮在海上，而非獨自沉淪至海底。

18

投入

曾經，我也認為愛情壞了，可以修修補補煥然一新，全心投入的愛，問題都不是問題。後來，才知道不對的愛情就像不合腳的鞋，走幾步路就磨傷，花再多時間適應，也只是延後報廢。

黃裕智是個無敵奶爸，在四歲兒子眼裡是超人，在朋友心中是鋼鐵人，日以繼夜辛苦工作從不喊聲苦。認識的時候他已接手機車行成為老闆，生意興隆，他一人在十多坪大的機車行裡，補破輪胎、換新輪胎、換機油齒輪油、換各種濾網，忙進忙出樣樣自己來；四歲大兒子就在機車行底端的小房間內，電視裡的卡通人物陪著他。

獨自撫養孩子還把一間店照顧得那麼好，左鄰右舍都認定他是難得一見好男人。

「我學不會別的，這輩子堅持的只有這間店和小孩。」他雙眼擋不住惆悵說著。

沒多餘資金請幫手，任何事項全靠他布滿傷的雙手；那是黃爸爸走了之後他滿手污黑，繼承衣缽年復一年的日常。對朋友而言他是溫柔硬漢，外表堅不可摧，但鮮少人知道，剛直武裝下他有著痛徹心扉的過往。

∅

黃爸爸還是機車行老闆的時候，青春期的黃裕智跟在爸爸身旁，見過機車行榮景，看過客源絡繹不絕。他眼中的爸爸帥爆了，立志要成為和爸爸一樣的人；懂事後自主替爸爸減輕負擔，做爸爸得力助手。起初什麼都不會，邊看邊學熟能生巧地打下硬底子。他常說自己幸福，是在家業中熬過基層學徒日子，不是在外當學徒；據說在外面當學徒的人，辛苦千萬倍。

退伍後他出師，工作加重許多，不過黃裕智喜歡能獨當一面的自己。

某天，在個春光爛漫的午後，一位女孩穿過澄澄暖陽，騎著機車到店門口，他清楚知道那是個陌生臉孔，是他兒時、成人後都沒見過的人。女孩說機車騎起來有些無力，希望能找師傅檢查。黃裕智聽完問題後便捲起袖子，替女孩的機車全面檢查，他發現這台已停產的老車，不只該換輪胎，連煞車都有問題。他花三兩下功夫，就把機車問題解決，女孩離開前向他說：「想不到年輕師傅那麼可靠，跟我老家那邊的差很多。」出師後上工，頭一次聽到讚美，他暗自竊喜了很久。

後來女孩每個月都來機車行報到，換機油齒輪油什麼的，過程中和黃裕智聊上幾句，得知女孩是屏東人，家中困苦不好過，獨自北上賺錢養自己和屏東的家人。搬到這個社區不久，還在習慣當地環境，適應一個人生活的節奏。慶幸是闖蕩異地沒多久時間，就找到喜歡的工作，在繁華忙碌城市能遇到善良的鄰居，那已是她很大的幸運。

黃裕智印象非常深刻，那天是霸王級寒流造訪，新聞上說太平山降瑞雪的日子。那天是平常上班日，剛過早上八點半，女孩賣力牽著機車走到機車行，使出全力敲鐵捲門，她氣喘吁吁說機車發不動了。黃裕智迅速檢查後，表明某零件壽命殆盡，叫貨至少五天才能到。女孩頓時慌了，這下可糟糕，眼看上班就要遲到，還被古董機車惡整。黃裕智看她心亂，想都沒想一把抓著女孩的手，要她上他的車；擋車一路飆馳，女孩感受到天很冷、風很急，但心很暖。

替女孩解圍之後，她到機車行的時間更多了，讓埋頭工作中的黃裕智時常樂開懷。黃爸爸看出來兒子的心意，暗示他機會是在兩人投緣時趁勝追擊才有效，喜歡要說出口讓對方知道，要用行動表示，現在不出動更待何時，別把情意放心裡，放久了會過期。

「等什麼呢，我在你這年紀啊，你媽都大肚子了！」黃爸爸露出喜不自勝表情，要兒子替自己多著想。

他聽到黃爸爸一番話，像裝上翅膀的雀，勇敢飛向晴空之巔，對女孩提出約會邀請。他想給人生地不熟的女孩倚靠，想讓她得到安全感，想陪在她身邊。

∅

說天公疼憨人，套用在黃裕智身上再適合不過，他以為自己和女孩的緣分，只能發展成小情小愛，殊不知，兩人日漸親近，走著走著成了情侶。他弄不清是自己趕進度，還是想讓朋友都嫉妒，他們交往神速，收工後天天膩在一起住；他常說女孩好，愛她的心無從比擬，想把生活重心都給她，想把她視為生命的全部。

某天，女孩神情凝重到機車行找他，表示自己懷孕了，用了三盒驗孕棒檢驗全是兩條線。她無法自己決定任何事，於是問黃裕智想法，試圖找到兩全其美的方式。

他得知消息後樂得像飛上雲霄，建立家庭是他夢美以求的理想，他沒想到那麼快就達成。他想馬上帶女孩去登記，迫不及待和女孩舉辦婚禮，可是女孩認為登記是必然，但兩人經濟仍不穩定，婚禮就先暫緩，等一切安妥後再補辦婚禮也不是太遲的事。黃裕智當然尊重老婆大人聖旨，只要她和小孩健康平安，什麼事都能說好。

懷孕期間，他把老婆當公主疼，廚藝突飛猛進簡直是廚神，天天親手做營養早餐給她吃，點什麼餐就做什麼餐，有求必應，做不來的硬著頭皮學也在所不惜；不捨老婆工作累，要她工作別做了回家讓他養；怕老婆挺著肚子腰痠背痛，晚上睡前幫她按摩放鬆肌肉。除此之外，在家中搶做家務事，洗衣洗碗、掃地拖地都由他收工後負責；孕期的情緒起伏不定，芝麻般大的事被無限放大，黃裕智也哄著讓著，就擔心動了胎氣。他只要老婆安心修養，過好每天就心滿意足了。

然而造化弄人，孩子還沒出生，某夜黃爸爸因心臟麻痺走了。還沒聽見稚嫩哭聲就離去，埋在黃裕智心上成為遺憾，生活重計也落到他肩上。好在他沒低落太久，他明白還有妻小要顧，生活依舊天天要過，少了黃爸爸支援，他需要更賣力賺錢才能平衡開銷。所以，他延長營業時間、減少休假日，死命地把自己推進工作裡。

做生意、做老公蠟燭兩頭燒，兒子出生後黃裕智將他視為掌中寶。下工回家休息，還會陪兒子好一陣子，體恤老婆整天帶小孩，他依舊把家務事打理得好好的，就怕老婆累了。

但是，自從黃爸爸辭世，機車行生意受到一些影響；為家庭著想他們省吃儉用，雖然生活沒過得太好，可在黃裕智心裡卻是幸福的。他以為能持續幸福下去，只是他想得太天真，他對老婆而言僅僅是個名分，實際的感情並沒有投入多少。

∅

緣分能走多長沒人說得準，穩定的感情不一定能到白頭，夭折的感情也未必不能重來，這年頭舊情復燃哪需要出遠門。

有天黃裕智在機車行忙得滿頭大汗，老婆突然一身亮麗拖著行李箱出現：「裕智，對不起我必須離開你。以前我離開上一段感情，是我還年輕太衝動不懂事。前陣子他問起我的近況，我發現我埋不住自己的厭倦，我想我還是無法習慣當一個媽媽，我受不了這種生活了！」她臉上漫著冷漠說著。

他還沒弄清楚狀況，口中的老婆已成前妻，望出去不遠處的巷口有台高級名車，駕駛座車窗內是一位意氣風發的男子，眼神炯炯地冒出洶湧自信。那股自信彷彿要把黃裕智吞沒，就算她口中不說，黃裕智也看得出是嫌棄他太窮、沒前途。他從沒想過跟誰比較，可是他知道這次他徹底輸了。

人生不停轉折，失去自己一手打造的家，眼睜睜看狗血劇情發生在自己身上，他卻無力喊停，他以為老老實實地過日子就能安穩，誰能料到那終究只存在於他的想像，和她的理想狀態無法對齊。

那是個艷陽高掛的午後，就像他們相遇那天。她穿過澄澄暖陽，從黃裕智的眼前越走越遠，她拖著行李箱的背影如他的自尊，被縮得越來越小。

前妻離開後的某天，他帶著兒子前去祭拜黃爸爸。他口中喃喃說著好想爸爸，對自己感到失望，沒把老婆顧好對兒子和爸爸感到愧歉，他多希望時間倒轉到與她交心那天，要是黃爸爸沒鼓勵他該有多好，要是他可以再擁有多一點能力，現實會不會就此不同。他哭得淚眼婆娑，但此時的他明白，除了堅強，自己沒有其他選擇。

總說新的身分需要學習：學怎麼當爸爸、學如何當老公、學怎麼撐起一個家，黃裕智才成為老公不到一年時間，學習機會卻就此中斷。他不斷反覆思考自己哪裡不好，質疑自己不夠努力，指責自己庸懦無能。他盼望老婆回身邊，而要是真的能重來，哪怕是傾瀉其盡可能，也會給她想像中的無慮生活；他執拗解釋千萬個自己的不足，可卻從沒想過那個曾經再熟悉不過的人，到頭來或許真的不適合自己。

在那之後，黃裕智意志消沉好一段時間，機車行不開門營業，成天關在家足不出戶，兩天吃一頓泡麵；慶幸兒子還在餵奶階段，餐餐泡奶粉給兒子吃的任務他沒忘記。頹喪窩在家約莫兩週，一天傍晚眼看尿布剩最後兩片，他不得不揹著兒子外出採買，正當他準備踏進賣場時被熟悉聲音呼喚，停下腳步。

「黃老闆你怎麼變這樣！」

「消失那麼久，有困難可以跟我們說啊！」

「你不想過生活，也要讓孩子健康過日子。」

「明天來開店我幫你顧小孩好嗎？」

他沒來得及開口，鄰居麵店大姊句句道出不捨，轉頭看路邊汽車玻璃窗，映入眼裡是自己亂糟糟頭髮和不修邊幅雜亂鬍子，連汗衫都懶得換成外出衣，套件籃球褲就出門，好像完全不在乎別人眼中的他是什麼樣子，因為在黃裕智眼裡自己就像個行屍走肉的失魂男子。但突然低頭看胸口揹袋中兒子何其無辜啊！他總算把自己打醒，願意從深淵抬頭，一步步往上爬。

所謂「為母則強、為父則剛」，從前黃裕智一人當兩人用，振作後的黃裕智一天當三天做，神采奕奕精神好得很。原本眼裡黯淡無光逐漸熠熠生輝，客人到店內宛如他的好友家人，邊整頓機車邊聊工作，說生活，談家人，分享感情觀。機車行有如擺渡客棧，整頓客人機車、清理客人心情，百般洩勁走進來，再神采煥發走出去。

他常掛嘴邊：「做不成富豪大老闆，也要做內心富裕的小老闆。」

如今，黃裕智自豪是最有人緣的機車行老闆，在四歲兒子眼裡是超人，在朋友心中是鋼鐵人，日以繼夜付出從不喊聲苦，同時，他也是跌了一跤、爬得更高的超級奶爸。

Mr. Hsu
Say

失去一個不愛自己的人，真的不必自咎，
無論他是不是還在你身邊，其內心終究是流沙，
再怎麼費力使心，也搭不起能遮風避雨的堡壘，
再怎麼力挽狂瀾，任何風吹草動也會說散就散。

──

過去我聽過一段話：「生活艱難不易，東西壞了捨不得丟，會先想著修補好；感情同樣珍貴，壞了再修修就好。」

曾經，我也以為愛情壞了，可以修修補補煥然一新。直到看見身邊朋友的故事，壞了修、修好又壞，壞了再補，補了又掉漆，才知道不對的愛情就像不合腳的鞋，走幾步路就磨傷，跑一跑就鬆脫，花再多時間適應，也只是延後報廢的時間罷了。

回顧自己，經驗告訴我，咬緊牙關可以接受各種痛，不過做人太難，痛一次就夠了，不必做傻子一痛再痛，才聯想到事不過三的道理，有多中肯。其實，很多事都存在濃厚情感，說離別談何容易，但兩人間的感情勉強不來，不是湊在一起就能成就一段好姻緣，硬著頭皮撐下去，遷就換來兩人不死不活的痛苦相處，又有何意義？

感情中所有傷都是以日夜淚水癒合的，背叛是你站在懸崖看景，親近的人冷不防推下索命。面對不管不顧獨自快活的情人，又該如何再度擁抱？

該面對的就別閃躲，你要知道不是你不夠好，是你所有的好不值得讓她擁有。值得擁有你的對象，是能讓你不必一直做不倒鋼鐵人，在她面前你可以承認不安、接受害怕、坦然於失敗，並且共同接受好的生活與難的生活。

命運有時殘酷，奪走青春籌碼、拿走信任額度還不給人幸福，它看似沉重無情，卻忽略它賜予的是更加豐裕的時間：讓你重建人生對自己好，爾後只要對自己負責就好。

當你休息夠了、當你充飽體力了，再次敞開自己站起來，就能繼續往前走。自帶光芒，走到哪都能閃閃發亮，也會找到適合你的舒適的生活方式，並明白命運其實沒有虧待了你。

19

離別

選擇一種自在的方式談論死亡和失去，是替自己情感紓解，不表示內心是脆弱的。只要內心有想念，死亡就不會是距離。

眾多故事中，就屬阿元分享的故事，對我而言最具特別意義，至今仍揪著我心。

小齊大概是我聽過最拚的人。他說自己資質差、非天生聰慧者，於是比別人多五倍的時間努力。外人眼中他書讀得好、畢業明星大學、苦讀考上諮商心理師證照，遊走大企業中，擔任諮商心理師。他物質欲望相當低，一雙鞋穿十年捨不得換，不追求年年演變的手機款式，衣櫃裡只有黑白兩色系換搭、歷久不衰的牛仔褲。

「認真生活的人會散發魅力」在小齊身上表露無遺，屏除亮眼經歷外，他規律對己，飲食控制得嚴格，宛如偶像藝人，油炸不吃、菸酒不沾。他對工作熱愛，一忙起來就把頭埋進工作裡，呈現雷打不動狀態。他做事嚴謹，完全付出，像水龍頭把自己鎖得緊緊，就怕疏漏出一滴錯誤。就算工作忙碌到近凌晨休息，依舊早晨五點醒來迎接緩升而起的太陽，何止披星戴月，他簡直在拯救世界。

不僅如此，每天上班前還會到健身房報到，自我鍛鍊一小時，擁有超過一八〇高挑身型，同時練得一身好體格；隨和的個性，在朋友圈內是人氣王。但或許是過度熱愛生活，感情這門課他始終興致缺缺懶得修，同事朋友不斷介紹他女孩子，他總是以工作太忙為由回絕。

男人三十如過坎，有個在瑜伽教室做業務的朋友，實在看不下去小齊都快三十歲了，感情竟還是乾涸狀態，他誆稱週末有場「熱瑜伽」體驗活動，上司要求每位業務至少找十位新面孔到教室體驗課程，要是未達標準，每月額外分發的職務津貼將被取消。小齊不忍心好友辛苦錢就這麼被扣掉，二話不說答應那場活動邀約。

瑜伽教室相當大，小齊被安排在一位穿著清涼的妙齡女子對面，課程開始前那位女子眼神不斷在小齊身上游移。熱瑜伽尚未開始，小齊就已熱汗直流，感到極度不自在。他拜託朋友幫他換位置，卻被朋友以「無法隨意更動位置」為由拒絕。他納悶得要命，偌大的教室，容納四十人絕非問題，到場的人數沒那麼多，怎麼連換位置都無法？

小齊硬著頭皮做完六十分鐘、十九式瑜伽動作，業務好友原想在課程結束後，安排小齊與妙齡女子，假藉共同諮詢之名行媒人之實，誰知道課程過程中，女子時不時的眼神游移、換瑜伽動作時頻頻找小齊搭擋做雙人瑜伽，他覺得尷尬至極。教練一宣布下課，小齊澡都沒洗便以光速奔出瑜伽館，好友處心積慮設計了劇情，最終還是被小齊擺了一道。

人不會輕易改變，要是真改變，是因為正面碰撞所影響。

某天小齊興沖沖吆喝三五好友碰面，電話中嚷嚷著太久沒見，是時候吃頓飯、聊近況。回絕王首次主動邀約，身為朋友當然給足面子受邀出席。吃飯那天他身旁坐一位面帶羞赧的女孩，其烏黑頭髮梳成不長馬尾落在後頸上，清爽淡妝輕柔得像春天迎來的微風徐徐。小齊雙眼炯炯藏不住喜悅，明眼人都明白，這就是他把大夥邀來齊聚一堂的主因。

∅

芮雯是小齊在某企業中認識的個案，嚴格說起來，芮雯是小齊救起來的個案。據悉在業內，諮商心理師和個案關係模糊的例子不算少，他們稱其為愛慕關係。不過小齊心知肚明，自己並非基於同情才決定和芮雯攜手一輩子。

那年芮雯是二十二歲的社會新鮮人，雖說是新鮮人，但她的心智相當成熟。她從小生長在孤兒院，憑藉意志力苦讀取得保送機會上大學。進大學後，她想擺脫自卑感的迫切從未澆熄，如願頂著全校前十名畢業，拿到大企業的實習機會。實習期間她虛心向前輩學習，總算從二十名實習員工中脫穎而出，成為五名正式員工中其中一員。

好不容易進到大企業，工作一年半載她才曉得，職場努力未必過得順利，人們嫉妒無上限，有時無聲未必勝有聲，有聲又只會遭致欺人太甚。沒來由地為排擠而排擠，竟能自圓其說成職場文化。

她逐漸體會到社會和校園的極大差異，壓力把她反覆輾壓，直到有天她喘不過氣，跑到公司頂樓喘息，站在二十五樓頂端看出去的世界很美。芮雯回憶起這些年的努力，想著想著她第一次感到疲倦，產生輕生念頭。當她正跨越樓頂圍欄時，被同樣在頂樓放風的小齊撞見，他一把將芮雯抓回來。

「妳這是在做什麼！」小齊第一次發脾氣對一個人大聲吼叫。

那天小齊在頂樓和芮雯聊許久，他提及自身過去經歷，向芮雯證明努力自始至終都不是錯誤，論生活論職場，哪怕只有一個人也能過得精彩，獨行俠也能自得其樂。後來，只要小齊有安排芮雯公司的諮商時間，芮雯都會到諮商室找小齊聊近況，聊得時間長了，也聊出兩人間耳鬢廝磨關係，時光磨著磨著就磨在一起了。

那場飯局上，看著小齊蓋不住喜悅，桌邊每位好友內心都替他鼓舞歡騰。後來他和芮雯穩定交往五年，有天在網上驚喜發一項問卷，向親友統計參加婚禮意願和日期。大家開心得要命，這對人人看好的眷侶總算想步入婚姻，紛紛在留言板上說道已填妥問卷，並獻上祝福。

距離問卷調查已超過三個月，小齊貼文停留在問卷發布那天，遲遲未向親友提及婚宴日期。直到相隔半年後，死黨群組內傳來小齊的照片，圖中他頂著光頭，裝著鼻氣管，躺在病床上，他沒為此垮下笑容，短短一句文字訊息「趁我有力氣，來找我聊天吧！」

任誰都想不到，大腸癌會降臨小齊生命。沒有家族病史、勤奮運動、自律的飲食習慣，仍躲不過病魔無聲無息來襲。死黨們趕到醫院，見到過去氣宇軒昂的小齊虛弱躺臥病床，神情不免溢出哀傷。芮雯在病床旁緊握小齊手，她的眼淚不停掉落在小齊布滿管線的手臂。

「芮雯講不聽，就說婚先別結了還是想登記，你們不怪我沒發喜餅吧？」小齊病慨慨道出不捨和無奈。

距離住院半年前，小齊和芮雯忙碌於籌備婚禮，那陣子小齊的身體持續不舒服，常常頭昏暈眩，有時夜半腹痛得他無法入睡。他認為是壓力過大造成身體變化，沒多加理會。直到有天，芮雯回過神發現小齊體態削瘦，連講話都變得虛弱，她耐不住性子要小齊趕緊到醫院做檢查，才得知已是癌症末期。

或許，上天最終是疼小齊的，沒讓他難熬多久，在死黨前去探訪後相隔一週，就長眠在他的老家。據說小齊最後那幾天都沒醒著，沒能夠親自向芮雯好好說幾句話，但在整理小齊遺物時，芮雯在小齊枕頭下找到一支錄音筆，上頭貼了張紙條寫著「給老婆」。

「芮雯對不起，沒想到還是被擊敗了。

我以為婚禮能如期舉行，我以為自己還能和你往前走，我以為上天派個天使給我，從此兩人就能幸福過。想給妳的很多，多到腦袋快載不下，想給妳天長地久，卻給妳一場折磨。

這一生我的願望不多，但遇見妳之後變得貪心了。每次妳對我微笑，覺得妳又向我靠近了一點，總覺得自己能再為妳洗去一點過去的孤獨，多鋪幾層陽光在妳身上。

曾經想過我們會生三個小孩，靜靜看著他們長大，兩個女兒像妳，一個兒子像我。我想告訴他們生命不無聊，別為生活太煩惱，聽媽媽的話不學壞就好，賺錢不是唯一目標，記得快樂是無助的解藥。只是這些願望，最後都成了奢望。

對不起，上天要派我去做其他事了。好好適應沒有我的生活，想哭就大聲哭一場，不想睡就看電影到天亮。我不願留下妳一人，想起我的時候，相信我在你身邊就夠了。若是碰到一個能分享生命的人，別克制內心的悸動，如果能忘掉我，就別再記得我。願有來世，還能再親眼見到你笑容。」

阿元告訴我這則故事時，剛過小齊三十七歲冥誕，講得一把鼻涕一把眼淚。我想小齊肯定很欣慰，有個好兄弟始終惦記著他，始終把他放在心上顯眼位置。這是個希望與美好共存的世界，像小齊如此溫柔的一個人，熬過折騰後，應該是到明媚如畫的世界，披著陽光，戴著希望。

Mr. Hsu
Say

一起走過才曉得，所有的影子都有彼此。

離別向來是沉痛的，
選擇一種自在的方式，談論死亡和失去，
是替自己情感紓解，不表示內心是脆弱的，
反而代表已經能真誠看待生命給予的課題。

回想阿元分享故事時，他一會兒講到自己笑出來，一會兒又會哭得泣不成聲。我才明白他們一起走過那些路，所有的影子都是彼此。

巨大悲傷總是冷不防來臨，那些從身體裡傾瀉而出的情緒，交錯每條神經，浮現各種畫面，彷彿還能聽見思念的人每句話；而難過是無底線的，我們要接住它，抱著它，體會它，傾聽它，宣洩它。

有時我們不太會安慰人，以為對方眼淚停止，早點忘記悲傷的事，才是為對方好。可是這場情緒馬拉松，唯有自己能替自己解套。或許我們該像阿元那般真性情，不斷說出想念，不停自我告知「他是我重要的人」—

才是修復情緒的最好方式。

我們無須為自己的情緒產生歉疚，畢竟它無從妥協。允許眼淚相隨，允許陷入悲傷，別和自己產生的一切過不去，有它們的出現，才能加快我們往前的路程，並且告訴自己：「只要內心有想念，死亡就不會是距離。」

20 再見

再見會在什麼時候？有時候再見是再也不見，有時候再見，是等到再相聚的那一天。

我有三位阿姨，母親在家中是二姊。兒時記憶中，年紀最輕的芬阿姨英語很好。

仔細算算芬阿姨才大我二十歲，記憶中她的臉孔被保存得很年輕，想法仍跟得上我們這年代的思維，她曾對我說，長大後要記得到國外看看世界有多大。她喜歡看國家地理頻道，也愛看西洋電影台，有時我會開電視播好萊塢電影，要芬阿姨別過頭不看螢幕口譯每段台詞，我盯著電視字幕聽她唸完一句我驚嘆一次，那純粹的樂趣，好令我懷念。

我父母親從事餐飲業假日需要工作，在我還沒唸國中前芬阿姨有段日子長住我們家，常陪伴我和姊姊的是阿姨，有時阿嬤也會到家中。對許多家長來說漢堡、薯條和炸雞是垃圾食物，發育中的孩子不適合吃太多。我父母在飲食上管教甚嚴，在他們視線範圍內不允許我們以垃圾食物當正餐，而芬阿姨有時會趁假日瞞著我父母，買麥當勞給我們吃；對當時的我來說，簡直置身美食天堂。

小時候我的成績不理想，月考總會考出奇葩分數，同學譏笑我頭腦差反應慢，班導師一而再再而三要我好好念書，免得影響升學，長大了後悔莫及。這些道理我都懂，可是無論我怎麼死讀牢記就是考不好。

阿姨見我返家面對慘不忍睹的成績單垂頭喪氣，她告訴我不同的見解。她認為成績差沒關係，有心想學才重要。如果傾心盡力還是無法得到好成績，只要明白自己有努力過不辜負自己就可以了。行行出狀元，別把未來路想得狹窄，長大後要學的還多的是，現在別變壞就好；這些話我始終牢記在心。

在很小的時候，我就開始羡慕西方教育，主張孩子有各自想法，並給予尊重與支持。從前受到傳統教育，孩子在家中不見得有發言權，那些發言權的意思並非完全無法表達意見或講話，而是在表達建議後往往會被大人忽視，久而久之也會不曉得該跟長輩講什麼話。或許，是和芬阿姨年齡差距較近，和她之間就沒那些困擾，聊天總能聊出心底話，似乎不必多講她就能懂身為學生的立場、身為孩子的立場要傳遞的訊息。

讀國中以後，長輩間思維上有些摩擦分歧，母親和芬阿姨關係凝成冰，彼此不相往來。那時身為晚輩的我們說不上兩句話，也根本不懂得何謂打圓場，無法為任何一方說點什麼，更不曉得如何替家人縫補關係裂痕。芬阿姨離開我們家後到國外長居，之後我們再也沒有問候機會。

∅

芬阿姨此生經歷兩段婚姻。與第一任丈夫張叔產下一對表弟，但夫妻倆在表弟七、八歲的時候，就各奔東西終結婚姻，表弟們偕同張叔定居上海。據悉阿姨在新加坡工作時與第二任丈夫W姨丈相識，他似乎相當疼愛阿姨，就算她和前夫緣分已盡仍相當關心表弟們的動向，得知他們在上海求學過程非預想中順遂，便萌生將表弟們接回身邊共同返臺生活的念頭。

人生說來特別，如果沒目標過日子會產生厭世感，再平穩生活也會倦怠，與此相對，倘若有目標能激進努力，再苦的日子都可咬牙撐過，再怎麼累都過得有意義，芬阿姨即是如此。她不在意自己辛勞，只在意孩子好不好。後來輾轉得知，阿姨與W姨丈努力爭取奮力賺錢，總算如願與表弟們返臺共同生活。夫妻倆在臺東開了間民宿，聽到這則消息時由衷替她感到開心，心想老天總算讓阿姨享天倫之樂、過上好日子了。

∅

記憶翻牆到再見芬阿姨那天，印象很深刻是我在內湖和公司長官及同事慶功，當時母親來電急忙說阿姨肝癌末期，人已經躺在林口醫院重度昏迷的消息。誰知道蒼天公平有時也無情，才替阿姨感到欣慰沒幾年，再聽聞她的消息竟是和生命拉扯。

趕到醫院後母親冷靜無表情說道：「待會見到你阿姨，要給她鼓勵給她打氣，知道嗎？」我不語頻頻點頭。加護病房患者極度虛弱，探視時間控管相當嚴格，儘管是家人也無法隨意進出，通常一床病患單趟只允許四人探視，入內前雙手需要徹底消毒並穿上防護衣。我和母親在病房外等待時任何話都說不出口，只感受到彼此的心焦如焚。

有個說法是這樣的，在昏迷患者耳畔訴說具有共鳴的往事，無論歡喜抑或憤怒，那或許能刺激到病榻上親友早日甦醒。據說國外有位少女昏迷十二年後奇蹟醒來，在昏迷階段任何手術、他人的話語都聽得一清二楚。面對摯親躺臥病榻，母親深信那場奇蹟。

總算到探視時間，我與母親、父親和姊姊火速完成探訪消毒作業入內。加護病房有兩扇自動門，直行經過醫護站後第一個轉角右拐第二間就是芬阿姨的病房。母親把在廟宇向神明求來的平安符全放妥在阿姨床頭櫃，她曉得昏迷中的病患會被鎖在自己的世界，也明白昏迷的病患未必聽得見聲音，但她仍平鋪直述和阿姨之間的記憶連結：

「阿芬，妳記得小華嗎？她有來看妳喔。」

「我和妳姊夫結婚後住在一樓的家，妳有住過啊在永和那邊。」

「那年賀伯颱風來，鄰居停在外面的機車被吹得東倒西歪。」

「想起來好可怕，後來半夜雨變好大！淹水整張床墊都濕掉。」

「你記不記得，九二一地震也在半夜，真的嚇死人。」

「搬到龍潭後我和你姊夫開的早餐店收了，妳還沒吃過吧？」

「以前妳叫我替妳買啤酒啊零食的，都還沒還錢呢。」

「如果妳還住在我家，我絕對不會讓妳喝酒。」

「阿芬啊，我們別吵架了，妳先醒來好不好？」

母親悲慟焦慮拿著濕毛巾，替芬阿姨擦拭沒反應的身體，口中念念有詞不斷祈求盼望有一線生機。

芬阿姨身上布滿儀器導管，身體腫脹指甲發黑，皮膚呈現混濁暗黃色，這跟記憶中的芬阿姨落差極大；再見面我絲毫認不出她，僅能站在病床另一端任憑眼淚不受控落下。母親敘述出的每句話都筆直進入我腦中，湧現大批回憶；有些回憶是母親說阿姨的氣話，有的是最後離家前與媽媽冷戰畫面，更多則是我和阿姨共存的愉快過去，不過我當下卻說不出一句話。

或許芬阿姨曉得親戚們都到臺北探視她，解開她這些年姊妹間心結，放下過去各種分歧，一個多月後她永眠在有陽光的家鄉臺北。送芬阿姨最後一程那天母親語中挾帶不捨說：「你阿姨都沒變，到現在還跟我硬碰硬。」

不曉得人離世之後靈魂會不會暫留世間？會不會像電視劇所演，看見自己未完的結果後，才等到上天召喚前往另個世界？有時很感嘆阿姨撐住意志把表弟接回身邊，卻撐不過自己命運。她辭世後母親好幾個月的時間經常沉默，老望向窗外。不知她回想到哪個時期的自己，是她和芬阿姨的兒時？還是兩人常鬥嘴的少女時期？

我心中總是認為母親還有好多話來不及與阿姨促膝長談。她說過曾夢見阿姨，夢中仍不跟她講話，夢中差異在於阿姨沒了脾氣，掛著笑盈盈面容。或許那些夢想告訴母親，她們姊妹關係已和好如初。

給芬阿姨：

妳好嗎？天堂應該是沒憂慮的地方。妳還愛喝冰啤酒嗎？妳自己說等我成年要跟我喝一杯卻食言，真沒意思。小時候從電視中見到的迪士尼樂園我獨自去了，這次妳沒騙我，真像妳說得那麼美，那麼夢幻像童話故事一樣。

長大後妳離我好遠，現實離我好近；剛開始很抗拒和它相處，有些時候它會壓得我彷彿就要窒息。在社會中還得嘗試和孤獨為伍，我才明白原來這才叫長大懂事。長大後的步伐天天在變調，天天都需要重新適應。

曾經我覺得自己缺少什麼，後來才曉得我缺乏的是對生活的熱情。不過近幾年我似乎找到了，也開啟與它和平共處的方式，就算前進得不算快但我仍感受得到一步一步往前進的滋味。妳看我這些年應該表現得還行吧？

芬阿姨妳知道嗎？沒想到兒時成績吊車尾，各科老師都放棄我。長大後不知哪根筋不對，竟然深愛文字，終於找到合適的方向做著自己由衷喜歡的事。我想這就是好好過日子的定義，我猜妳應該都知道。

妳活在我們記憶中笑容完美猶新，一樣那麼美麗，依舊開闊得像片無邊無際的天，我們其實很想念妳，也想跟妳說我們都過得很好，我們希望妳更好。

有天再相聚。

後記

從別人的故事中，安放好自己

「其實人跟樹是一樣的，越是嚮往高處的陽光，它的根就越要伸向黑暗的地底。」——尼采

人有時急著朝光奔去，忘了黑暗後才是光明，光明後必有黑暗。我也曾那麼急著擺脫那沉甸甸的黑，一味尋找光的蹤影，忽略黑暗有它難被取代的能量。

日子不經意流過，這本作品自下筆到截稿竟超過千日。
如同書名《擱淺在日子上的傷，不用急著好起來》傳遞的字字片語，埋在內心不好啟齒的話，其實不用急著說出來。

與其討拍搏取關愛，寧可耐著性子感受傷口，有天總會因厚繭而無懼，因無懼而放心前行，別急著和傷痛告別，有天它會告訴你它出現的原因。

偶爾回溯自己的過去，那些傷有名有姓的存在，卻要自己學習遺忘，好像只要忘記就能痊癒。然而對我來說，治癒真正的過程是疼的，疼過好一陣子會癒合，癒合後的疤痕則留給自己，像成年禮，像紀念品，別怕觸摸它，別在意它的存在，它就是你身體一部分，忘不掉，也不必忘。

謝謝你閱讀到這裡，期許拿起這本書，願意靜心閱讀的人們，在闔起這本書之際，可以從這本書中試圖找到曾經的自己，亦或是身旁人的縮影，給那個人一場安慰，一個擁抱，有時候只是靜靜陪伴足以抵過千言萬語。

至於隱藏的，執著的，不願承認的，不甘離去的，仍未鬆手放下的。擱淺在生命中也沒關係，它和快樂喜悅相同，值得你好好疼惜，是你心上一塊柔軟之處，你是如何陪伴愉悅的跳動，就如何去對待擱淺的傷。

一條滯留沙灘的鯨魚，受到的巨大的傷，需要多少岸邊熱心的力量，眾志成城才能讓牠重回廣闊的海洋？不要急著在當下治癒牠，那片無際海洋，是最溫暖的答案。

經歷這一千多個日子的朝夕相處，那美麗的、傷痛的、收穫的、逝去的故事，陪伴我成長，同時給了我力量，企盼你也是。

我在他人的故事中，反思自己的生命，終究能觸碰到高處的光。

旭 Hsu.Yuan

self-help S 06

擱淺在日子上的傷，不用急著好起來

作　　者｜城旭遠
美術設計｜Bianco Tsai
內文排版｜菩薩蠻電腦科技有限公司
書籍企劃｜周書宇
責任編輯｜周書宇

出　　版｜境好出版事業有限公司
總 編 輯｜黃文慧
主　　編｜賴秉薇．蕭歆儀．周書宇
行銷經理｜吳孟蓉
會計行政｜簡佩鈺
地　　址｜10491 臺北市中山區松江路 131-6 號 3 樓
網　　址｜https://www.facebook.com/JinghaoBOOK
電　　話｜（02）2516-6892
傳　　真｜（02）2516-6891

發　　行｜采實文化事股份有限公司
地　　址｜10457 臺北市中山區南京東路二段 95 號 9 樓
電　　話｜（02）2511-9798
傳　　真｜（02）2571-3298
電子信箱｜acme@acmebook.com.tw
采實官網｜www.acmebook.com.tw

法律顧問｜第一國際法律事務所 余淑杏律師

定　　價｜360 元
初版一刷｜2021 年 12 月

特別聲明　有關本書中的言論內容，不代表本公司立場及意見，由作者自行承擔文責。

國家圖書館出版品預行編目 (CIP) 資料

擱淺在日子上的傷，不用急著好起來 / 城旭遠著 -- 初版 . -- 臺北市 : 境好出版事業有限公司 , 2021.12
面； 公分
ISBN 978-626-95211-4-2(平裝)
1. 自我實現 2. 生活指導
177.2　　110017356